새 학풍형성을 위한

갈등사회학과 복지사회학

김 영 모

고 현

2017

머 리 말

저자는 지난 60여년 간 인간의 사회관계와 그 문제해결을 위한 연구를 하였다. 이러한 연구는 무엇보다도 사회를 보는 눈(관점)이 확립되어야 하겠고, 그러한 관점에서 저자가 관심을 지닌 사회관계인 신분, 계급 및 계층을 탐구하였다. 동시에 그러한 사회관계에서 비롯된 사회문제와 그 해결책을 강구하기 위하여 복지정책에 관심을 두게 되었다.

사회를 보는 눈은 사회관계의 특징인 조화와 갈등에서 비롯된다. 조화는 인간의 상호의존적인 역할관계에서 비롯되지만 갈등은 이해관계의 차이에서 비롯된다. 이러한 조화와 갈등은 모든 사회집단에서 일어나고 있다. 그리하여 조화론과 갈등론의 시각에서 사회를 분석할 필요가 있다.

이러한 이론적 관점에서 새로운 학풍형성을 위하여 노력하였다. 특히 우리나라의 신분, 계급, 계층의 불평등구조를 탐구하였고, 그것에서 파생되는 갈등을 평화적으로 해결하기 위한 노력, 즉 신갈등론인 '사회갈등의 제도화'(입법과 정책)를 모색하였다.

그러한 결과 지금까지 60여권의 저서를 발간하게 되었다. 이러한 저서들의 머리말을 모아 제목을 달아서 단행본으로 간행하였다. 그간 저자의 연구업적(요지)은 한국사회학회장의 추천사로 대신 소개한다.

김영모 교수의 지난 50년간 한국사회학과 한국사회복지학에 관한 주요 연구업적은 다음과 같다.

· 저서 36권, · 공저 및 편저 23권, · 연구논문 160편,
· 연구보고서 35권, · 역서 2권, · 사회평론 156편,

그는 일찍이 「조선지배층연구」(일조각, 1977)를 발표한 후 그간 「한국사회계층연구」(일조각, 1982), 「한국중산층연구」(중앙대 출판부, 1999), 「한국권력지배층연구」(고헌, 2009), 「한국자본가계급연구」(고헌, 2012) 등을 발표하였고, 최근 「조선·한국 신분계급사」(고헌, 2013)를 총정리·발표하였다. 그는 신분 및 계급연구를 위하여 신분 및 계급의 이론적 분석틀을 만들어 조선 및 한국의 신분계층 및 계급구조를 실증적으로 분석하였으며, 동시에 그 변화를 탐구하였다.

김교수의 신분계급사 연구는 역사적 현상에 대한 사회학적 분석과 방대한 문헌조사에 의한 통계적 분석이 그 특징이다. 그는 그간 사용되지 않았던 자료인 방목과 호적 및 족보에 나타난 인구학적 특성, 가족관계(부친 등 4조의 신분배경, 통혼권 등), 지역성, 학력, 경력 등을 분석하여 접근하였다.

이러한 연구 결과, 조선시대 이래 신분, 계급, 지배층의 변동은 높은 사회적 세습성을 지니고, 또한 정권교체기에 사회적 역할분화와 신분 및 계급갈등으로 성장한 중간계층이 새로운 권력지배층을 형성하였음을 밝혔다.

조선왕조는 문과출신 음자제들이 주요 권력지배층이 되었으나 말기에 무관, 중인(역관) 출신이 새로운 관료지배층(당상관)이 되었고(약 15%), 이들이 한말·일제시 조선 귀족과 고등관이 되었으며, 또한 일제시 신제

교육과 문관시험 합격자가 식민지 한인지배층을 형성하였다. 해방후에는 이들의 자손 뿐만 아니라 새로운 사회적 역할과 제도(선거, 군사, 기업, 대학 등)로 육성된 중산층 출신 권력지배층이 점차 전통적인 권력지배층을 대체하였음을 밝히고 있다.

해방후는 지난 50여년간 경제개발계획 등으로 다수의 자영농민과 소작농 등 구중산층(70.6%)이 급속히 몰락하여 2010년 이전에는 소수의 자본가계급(6.4%)과 다수의 노동자계급(37.6%)으로 양극화 되었으나, 1990년대 이후 오히려 화이트 칼라 등 신중산층(40.6%)이 급증하여 후기산업사회의 특징인 중산층사회가 나타나고, 동시에 각 계급내부에서 소득격차 등으로 양극계층화 현상이 진행되고 있음을 밝혔다.

한편, 김 교수는 일찍이 사회복지 분야에 투신하면서 당시 지배적이었던 사회사업 학풍을 사회학적 지식에 기초하여 사회복지 학풍으로 개혁하는데 주도적 역할을 하였다.

그는 초창기에 사회복지학의 학문정립과 정책개발을 위하여 '한국복지정책연구소'(1979년)를 창립하여 노력하였으며, '한국사회복지학회'(1985), '한국사회복지정책학회'(1990), '한국지역사회복지학회'(1991) 등을 창립하였다. 그리고 한국사회학회장(1989년) 등을 하면서 후학 양성과 학문 발전의 장을 마련하는데 기여하였다.

또한, 그는 사회복지이론을 개발하기 위하여 「한국사회복지론」(법문사, 1973),「사회복지의 자주적 모색」(평민사, 1976), 또 「사회복지학」(한복연 출판부, 1991),「사회정책」(한복연 출판부, 1982),「현대사회문제론」(한복연 출판부, 1981),「한국빈곤연구」(한복연 출판부, 1990) 등 많은 논문과 저서를 발표하였으며, 동시에 정부의 정책을 자문하면서 나아가 우리나라의 잘못된, 미발달된 사회복지분야의 제도개혁과 정책개발을 위하여 헌신적 역할을 하였다. 그리고 우리나라의 빈곤과 불평등을 해소하고 복지제도의 비효율성과 소득역진성을 해소하기 위하여 「한국사회복지의 제문제」(한복연 출판부, 1986),「한국사회보장개혁론」(중앙대 출판부, 1995),「한국사회보험개혁론」(한복연 출판부, 2006) 등 많은 논저를 발표하였다.

이와 같이 이론개발과 정책건의를 통하여 의료보험의 통합일원화, 사회사업학과의 사회복지학과로 개칭, 사회복지직의 일반행정직렬화, 종합사회복지관의 설립 등 복지개혁을 하는데 크게 기여하였다.

- 2013년 한국사회학회장의 학술원회원 추천사

이러한 연구 결과는 저자가 재직한 중앙대학교와 한국복지정책연구소에서 많은 제자들의 자료수집과 분석의 큰 도움을 받았다. 특히 지금은 대부분 명예교수가 된 최경석교수(중앙대), 원석조교수(원광대), 표갑수교수(청주대), 송정부교수(상지대), 김연명교수(중앙대) 등 에게 깊은 감사를 드린다.

2017년 2월 10일

저 자

새 학풍 형성을 위한
갈등사회학과 복지사회학

목 차

3) 사회보장론

4) 지역사회복지론

5) 아동·노인복지론

Ⅰ. 이론적 관점

현대 사회학의 특징은 무엇인가?

우리나라에 있어서 사회학 개설에 관한 저·역서는 약 30여종이 발간되었다. 그것의 대부분은 미국 사회학에 관한 것이다. 오늘날 미국사회학을 표준사회학 또는 현대사회학이라고 일컬을 정도로, 우리나라의 사회학은 6·25전란 이후 미국 일변도의 영향에 의하여 편향되었다고 해도 과언이 아니다.

미국사회학이 우리나라에 있어서 사회학 개설의 핵심이 되어왔지만 그것은 아직 제대로 정착되어 있지 못하였다. 그것은 미국사회학이 우리나라 사회학(사회원리)이 될 수 없다는 것을 의미하지만[1] 무엇보다 우리나라의 역사적·사회적 배경과 다른 것에서 자란 미국식 사회학의 약점에서 비롯된 것이다.

미국 사회학은 일반적으로 ① 개인주의 ② 심리주의 ③ 기능주의 ④ 추상적 관념주의 ⑤ 실증주의와 같은 특성을 지니고 있다. 이러한 특징은 우리나라 사회의 분석에 유용한 점도 있겠지만 많은 문제점을 지니고 있었다. 그것은 무엇보다도 우리나라의 급격한 사회변동과 사회문제의 분석에 있어서 올바른 해답을 주기가 어려웠다. 산업화되고 개인성이 강한 사회에 있어서는 개인

1) 사회학은 일반적으로 사회관계의 원리와 그 원인를 발견하여 그 대책을 강구하기 위한 것인데, 미국사회학은 사회관계를 주로 인간관계로 보고, 그것은 조화관에 기초해 있다. 그러나 유럽사회학은 사회관계를 주로 이해관계로 보고, 그것은 갈등관에 기초하여 있다.

주의적·기능주의적 접근이 타당할 지 몰라도 우리나라의 경우는 그렇지 못하고 오히려 집단주의적·갈등주의적 접근이 보다 효과적이었을 것이다. 그리하여 그간 소개된 한국의 사회학이 우리나라의 사회적 요구에 적절하게 대처하지 못하였다.

미국사회학이 우리나라의 사회분석에 있어서 유용한 기능을 수행하지 못한 것은 무엇보다도 사회를 보는 눈이 조화관이었고 이론적 접근방법은 기능주의적 관점이었기 때문인 것 같다. 이러한 관점과 방법은 사회의 한 면만 보게 되었고 사회의 다른 면을 볼 수 있는 갈등관과 갈등주의적 접근방법을 사회악으로 간주하여 무시하였던 것이다. 최근 미국사회학이 갈등주의적 관점을 소개하고 있으나 사회갈등은 아직도 백안시 되고 있다. 우리나라의 정치적·사회적 조건도 이러한 관점을 금기하는 경향이 강했다.

그러한 결과, 우리나라 사회학은 지난 20여년간 산업화를 추진하면서 파생한 많은 사회갈등과 사회문제의 원인과 대책을 올바르게 제시하여 주지 못하였다. 서구사회학이 사회문제를 해결하기 위한 사회적 필요성에서 나타난 것임에도 불구하고 한국사회학은 이것을 경시하였거나 외면하여 왔던 것이다.

우리는 이러한 동기에서 사회학 개설을 집필하기로 하였다. 가능한 현대사회학의 상이한 관점과 연구결과를 많이 소개하고 실천사회학을 강조하기 위하여 응용사회학의 분야를 많이 다루었다.

출처 ; 「현대사회학」 초판 머리말, 한복연 출판부 (1983. 9. 1)

현대사회학은 한국사회분석에 유용한가?

20여년전 출판한「현대사회학」(공저, 1983년)을 이번에 전문 개정하였다.2) 그간 국내외 사회변화가 심하게 일어났고, 또 새로운 이론이 나타나서 보완의 필요성을 절감하였다.

지난 20여년간 경제성장으로 나타난 노동자·시민 등 사회세력은 80년대 말 정치적 민주화를 성취하였고, 90년대 말 외환위기로 IMF의 지배를 받는 등 세계화의 곤욕을 치르고 있다. 이러한 정치적 경제적 변혁은 한국의 만성적 질환인 부정부패가 그대로 노출되어 새로운 사회질서에의 개혁이 요구되고 있다. 올바른 사회개혁은 기득권자와의 투쟁에서 가능한데 오늘날 노동쟁의와 선거 등에서 눈에 보이지 않는 계급혁명이 전개되고 있다. 그 뿐만 아니라 가족해체, 농촌해체, 교육기회, 성평등, 민족통일, 정보화 등으로 사회변화와 가치관이 급변하고 있다.

이러한 변화와 새로운 사회문제를 설명하는 이론으로서 기존 사회학, 특히 서구 사회학의 한계가 있는 것이다. 서구 사회학은 산업혁명과 시민혁명을 과학적으로 설명하고 그 문제를 해결하기 위하여 발달한 것이지만, 오늘날 기술혁명(정보화)과 세계화를 설명하기 위한 논리개발에 분주하다. 우리는 이러한 과제 뿐만 아니라 전술한 문제를 동시에 설명할 수 있는 이론의 개발이 매우

2) 현대사회학은 일반적으로 미국사회학을 말하는데 사실 후기산업사회학을 말한다.

시급하다. 이러한 것이 한국사회학의 주요한 과제이다. 한국사회학은 해방이후 미국사회학, 즉 기능이론의 편식으로 영양실조에 걸렸다. 그리하여 본 서에서는 각 주제에 대한 다양한 이론적 관점을 가능한 한 소개하고 독자들이 각 주제에 대하여 어떠한 이론이 보다 타당성이 있는가를 생각하게 끔 하였다.

이번에 전문 개정판을 내면서 사회학의 이론과 사회제도의 내용을 대폭 강화시켰고 종전에 다루지 않았던 노동, 종교, 세계화의 문제를 보완하였으며, 그 밖에 내용도 대폭 수정하였다. 사회학이 원래 서구 학문이기 때문에 그들의 견해를 제대로 이해할 필요가 있고, 이러한 기초위에서 한국사회학을 제대로 정립할 수 있지 않을 까 생각한다.

저자는 그간 「한국사회학」(법문사, 1972), 「한국사회의 이해」(한국복지정책연구소 출판부, 1999) 등을 발표하였기 때문에 본 서에서는 가급적 한국사회에 대한 것을 줄이도록 하였다. 그러나 서구이론이 한국사회를 설명하는데 어느 정도 적합한지, 그리고 기본적인 차별성(특성)이 무엇인지를 제시하려고 하였다.

출처 ; 「현대사회학」 전문개정판 머리말, 한복연 출판부 (2001)

현대사회문제의 특징은 무엇인가?

사회과학이나 정책수립에 관심을 둔 사람은 모두 사회문제에 깊은 관심을 지니고, 이것의 해결에 적극적인 자세를 취하고 있다. 그럼에도 불구하고 사회문제를 이론적으로나 체계적으로 이해하는데 도움이 되는 교과서는 해방이후 하나도 출판되지 않았다. 사회문제가 매우 광범위하고 복잡하며 다양한 의미를 지니고 있기 때문에 어느 한 사람에 의하여 이것을 정리할 수 없었으리라고 생각은 하지만, 한편으로 사회과학자들이 사회문제와 그 해결책에 의도적으로 관심을 두지 않은 현실기피증에서 나온 것이 아닌가 생각한다. 그렇다고 사회문제가 없어지거나 해결되는 것도 아니고 오히려 심각한 사회문제를 만드는 것이며, 그것은 사회과학도로서의 의무를 져버리는 격이 되고 만다. 사회문제를 예방하고 해결하는데 관심을 두지 않으면 기존의 사회제도는 더 심각한 새로운 사회문제를 조성하기 마련이다.

우리나라의 사회과학자, 특히 다수의 사회학자와 사회복지학자는 사회문제를 일탈행위로 보려는 경향이 있다. 이러한 견해는 미국 사회학의 심리학적 영향을 많이 받은 경우에서 주로 찾아볼 수 있으며 이것은 기능주의적 관점에 만족하는 것이 된다. 그러나 일탈행위(부적응)보다도 구조적 문제(불평등)와 해체적 문제(사회병리)를 상대적으로 심각하고 중요한 사회문제로 인식하는 사람도 많다. 편자도 사회문제를 일탈행위로만 규정하거나, 또 그러한 관점에서 해석하려는 학자들의 견해에 대하여 항상 불만을 가져왔다. 다행히 오늘날 미국의 사회학자들도 사회문제를 기능주의와 갈등주의의 양 관점에서 보려는 경향이 있고, 따라서 불평등을 해체, 부적응과 더불어 매우 중요한 사회문제로 간주하는 경향을 찾아 볼 수 있다.

그리하여, 편자는 사회문제의 이론적 관점이 적어도 기능주의와 갈등주의가 있고, 이러한 관점의 사회문제는 불평등과 부적응의 형태가 있으며, 또 이것의 통합적 성격을 지닌 사회해체를 사회문제의 한 형태로 보기 때문에 이에 따라 책의 내용(목차)을 구성하였다. 이러한 3가지 형태의 사회문제는 구체적으로 여러가지가 있겠으나 우리나라에서 가장 중요하다고 생각되는 학자들에게 부탁하여 사회문제의 일반이론과 한국의 특성에 대하여 개략적인 소개를 하였다. 바쁘신 시간에 무리한 청탁을 하게 되어 송구스럽기 한이 없다. 이러한 책이 사회문제를 이해하고 연구하는데 도움이 된다면 편자로서는 그 이상의 보람이 없겠다.

출처 ; 「현대사회문제론」 초판 머리말, 한복연 출판부 (1983)

―――――― ○ ――――――

세계화 시대의 사회문제는 무엇인가?

최근 일간 신문을 보고 있으면 우리나라 사회문제가 많이 일어나고 심지어 세계의 사회문제가 무엇인가를 알 수 있다. 이러한 사회문제에 대한 올바른 이해를 위해서는 이론적, 이념적 관점이 무장되어 있어야 할 것 같다. 왜냐하면 일간 신문에 보도된 사회문제는 대개 기능론적, 낙인론적 관점에서 분석된 기사가 많아서 독자들이 편식하기 쉬운 문제가 많았기 때문이다. 그리하여 이번 개정 증보판에서 모든 사회문제에 대한 이론적 또는 이념적 관점을 소개하였다.

또한, 25년전 「현대사회문제론」의 초간에서 사회문제의 유형을 ① 구조적 문제, ② 해체적 문제, ③ 일탈적 문제로 구별하여 주요한 사회문제를 다루었으나, 이것을 그간 만족스럽게 증보하지 못하였다. 그리하여 이번에 보다 많은 사회문제들을 편자가 추가하여 설명하였다.

한편, 오늘날 사회문제가 1990년대 이전의 사회문제와는 달리 소위 국제성 및 세계화의 성격을 지니고 있다. 선진국가는 국제연합, IMF, WTO 등 국제기구를 통하여 신 식민지개척에 혈안이 되어 있다. 특히 1998년 IMF의 지배체제하에 들어가면서 우리나라 자본주의는 신자유주의적 세계화의 특성을 지니게 되어 모든 사회문제는 이것의 영향을 받게 되었다. 그리하여 세계화 문제를 새로운 사회문제의 유형으로 다루었다. 특히 세계화 문제를 초래한 것은 신자유주의지만, 이것은 배후에 미국의 군수사업, 즉 펜타곤 자본주의가 있었기 때문에 가능하고, 또 이것으로 발달한 전쟁과 테러 문제를 다루었다. 그 밖에 추가한 권력비리와 정경유착 문제도 한국 자본주의의 특수성에서 비롯되고 있다.

출처 ; 「현대사회문제론」 전문개정증보판 머리말, 고헌출판부(2007)

한국사회학의 구조적 특징은 무엇인가?

우리나라에 사회학이 도입된 지도 벌써 70여년이나 되었다. 한말의 신학문에 대한 열렬한 갈구는 비록 서구에 비하여 70여년이 늦었지만 다른 근대적 학문과 함께 일찍이 소개되었다.

우리 나라의 초기 사회학은 주로 서구의 영향을 많이 받았다. 그간 일제의 식민지 문화정책으로 인하여 사회학은 사회주의 학문으로 오해되어 거의 발달되지 못하였다가 해방 후, 특히 6·25 전란 이후에 미국의 행동주의적 사회학의 영향을 많이 받아 급속히 발달하게 되었다. 그리하여 한국사회학은 종래의 전통적 사회학에 행동주의적 사회학이 접목되어 개화되지 못하고 오히려 행동주의(behaviorism)가 절대적 개념으로 인식되었다.

사회학은 사회의 필요성에서 발전하고, 그의 보편성을 체계화한 이론이라 할 수 있다. 다른 나라에서 형성된 사회학이 우리 나라에 필요한지, 그리고 우리 나라의 사회분석에 유용한 도구가 될 수 있는가에 대한 검토가 선행되지 않고 맹목적인 수용에 전념하게 되었다. 또한 현대 사회과학의 객관성이 강조된 나머지 주제적·이념적·가치는 점차 소멸되어가고 무정부적인 사회분석의 기술자만 남게 되었다.

오늘날 우리 나라의 사회가 행동주의적 절대개념으로 분석이 가능한 것은 아니다. 행동주의가 균형이론인 이상, 사회변화가 급격하고 사회의 구조적 대립이 심한 사회의 분석이론으로서는 적절하지 못한 것 같다. 오히려 갈등이론의 도입이 필요하리라 생각한다. 사회는 절대적 개념으로 구성되지 않고 오히려 대립적, 심지어 다원적 개념으로 구성되어 있기 때문이다. 우리 민족이 역사적으로 오랜 고통을 겪게 된 것도 절대적 가치와 철학 때문에 비롯되고 있는 것이다. 오늘 날과 같은 역사적 상황에서는 내적으로는 상대적 개념이 타당할지 모르나, 외적으로는 이를 지양하는 개념과 철학이 나와야 될 것 같다.

그러므로 우리 나라의 사회학도 하나에만 연련하던 것을 자성할 단계가 아닌가 한다. 비록 외적 동기에 의하여 비주체적 사회학의 형성을 위한 노력을 하였다 할지라도 오늘날 사회학의 역량을 보아 충분히 자주적인 한국사회학을 모색할 수 있으리라 생각한다. 따라서 한국사회학의 형성은 무엇보다도 주체적인 사회관과 현실성에 기초를 둔 경첨적 이론정립이 필요하며 절대적 개념에 입각한 분석 방법은 피해야 될 것이다.

본 서의 내용은 두가지로 대별할 수 있다. 하나는 사회학의 분석이론이고, 다른 하나는 이에 기초한 한국사회에 대한 논술이다. 전자에서는 지금까지 발전된 주요한 개념의 소개와 그의 타당성을 논급하였고, 후자에서는 주로 한국사회의 실증적 분석과 특성을 규명한 글들이다.

출처 ; 「한국사회학」 머리말, 법문사 (1972. 3)

한국 자본주의사회의 문제는 무엇인가

저자가 사회학에 입문한지 벌써 40여년이 지났다. 그간 사회현상을 탐구하면서 사회의 기본 원리를 캐내는 것이 사회학이라는 것을 잊어 본 적이 없다. 저자는 사회학은 정태적인 사회현상의 규명 뿐만 아니라 동태적인 사회현상의 발전 원리를 제공하는 것이 더욱 필요하다고 생각하였다.

그리하여 저자는 사회를 움직이는 주체, 즉 사회계층·계급 문제에 관심을 많이 가졌고 사회발전을 위한 개혁의 원리와 방향을 제시하기 위한 사회적 발언을 많이 행하였다.

사회적 발언은 최근에는 텔레콤이 발달하여 텔레비젼에 출연하거나 신문기고를 하는 것이지만 옛날에는 주로 월간 잡지와 특강을 통하여 주장하였다. 최근, 월간 잡지의 글들을 보면 주로 시사적인 현장 분석이 대부분이지만 옛날에는 현실 문제에 대한 분석과 그 대안을 주로 제시하였다.

저자도 1960년대와 1970년대에 월간 잡지, 편집자의 요청에 의하여 많은 사회적 발언을 한 편이다. 이러한 글들을 모아 1972년에 「한국사회학」(법문사 간행)이라는 책을 발간한 적이 있다. 그 후의 주요한 글들을 모아 이번에 「한국사회의 이해」를 간행하게 되었다.

이번에 저자의 글을 모아 출판하게 된 적접적 동기는 지난 해 밀어 닥친, 치욕적인 IMF 사태의 충격이라 할 수 있다. IMF 사태와 같은 신식민지 상태가 올 것을 예방하기 위하여 이미 60, 70년대에 사회적 발언을 많이 하였다. 그런데 이번 사태에 대한 사회과학자의 사회적 발언이 거의 전무한 상태를 보고 놀랐다. 비록 옛날의 글들이지만, 이것을 다시금 소개하여 한국사회에 대한 올바른 진단과 처방을 하는데 기여하였으면 하는 심정에서 발간하게 되었다.

이번에 발간하게 된 책에는 과거 발표한 주요한 글과, IMF 사태로 부각된 한국자본주의의 성격과 정경유착으로 인한 부정부패, 그리고 대량 실업문제에 대한 글을 추가하였다.

우리는 내년이면 21세기를 맞이 한다. 최근 정부와 많은 사회과학자들은 세계화가 우리 민족의 살길이라고 주장하고 있지만 저자는 그것 보다도 우선시 되어야 할 것이 20세기에 해결하지 못한 민족적 국가적 과제가 아닌가 생각한다. 한반도는 지난 한 세기 동안 불행하게 일제에 의한 식민지(50년), 그리고 해방이후 분단에 의한 신식민지(50년)가 지속되었다. 이러한 분단과 신식민지를 극복할 수 있는 '통일의 사회학', '민족의 사회학'이 시급히 요청되고 이것을 체계화 하기 위한 노력이 이 땅의 사회과학자의 주요한 사명이 아닌가 생각한다.

이러한 통일사회학, 민족사회학을 개발하기 위한 이론적 관점은 신갈등이론에 기초하는 것이 가장 바람직할 것 같다. 비록 사회현상에 대한 탐구는 여러 가지 관점에서 접근하여 분석하는 것이 필요하지만 현대 한국사회에 대한 이해는 신갈등이론이 보다 더 타당한 것 같다. 그리하여 저자는 사회학의 이론적 관점과 분석틀을, 특히 기능이론과 갈등이론을 중심으로 먼저 소개하고, 아울러 사회현상의 주요 영역에 대한 기존의 이론과 특성을 간략히 소개하려고 하였다.

출처 ; 「한국사회의 이해」 초판 머리말, 한복연 출판부, (1999)

Ⅱ. 갈등사회학

1) 신분 및 계급이론

신분, 계급, 계층 이론은 무엇인가?

일반적으로 현대사회의 불평등구조를 사회계층이라고 한다. 사회의 불평등구조는 신분·계급·계층 등의 개념으로 표현되고 있다. 이러한 개념은 대단히 모호하지만 그 시대의 불평등구조를 표현하기 위하여 형성된 것이다.

일반적으로 신분(estate)은 법제적 개념이고, 사회계층(social stratification)은 역할 분화에 대한 사회평가의 산물이며, 사회 계급(social class)은 자본주의 사회의 생산관계, 즉 생산수단의 소유자와 비소유자를 구별하는 개념이다. 따라서 신분과 계층은 서열적인 계서제이지만 계급은 이해관계의 대립 집단을 말한다.

이와 같이 이러한 개념은 독특한 이념적·이론적 배경을 지니고 있다. 이러한 이념과 이론적 배경을 이해하지 않고서는 사회의 불평등구조를 올바르게 파악할 수 없는 것이다.

우리가 사용하는 많은 개념과 이론이 구미에서 도입된 것이기 때문에 한국사회의 불평등구조를 올바르게 규명하는 것은 매우 어렵다. 개념과 이론도 역사적 산물이기 때문에 우리의 사회불평등 구조를 이해하기 위하여 조상들이 사용한 불평등 개념(예, 양반·중인·상인·천민 등)을 이해하여야 되고, 동시에 사회변화(특히 산업화)에 따른 불평등구조를 이해하기 위한 근대적 불평등 개념(계급,

계층 등)을 이해하여야 한다. 한국사회에는 이러한 전통성과 근대성이 강력히 혼재하여 있고 그 변화가 심하기 때문에 외래적인 불평등의 개념이나 이론을 그대로 사용하기는 어려우며 동시에 이러한 특수성을 적절히 표현할 수 있는 개념을 만들기도 어려운 실정이다. 이러한 어려움이 계층조사나 글을 쓰는데 항상 뒤따르고 있다. 아예 기존의 개념이나 이론을 버리고 우리의 사회적 불평등구조를 적절히 표현하고 구명할 수 있는 개념과 이론의 형성이 가능하다면 이것의 창조적 작업이 우리의 과제가 되어야 할 것이다.

저자가 이러한 과제를 해결할 수 있는 능력이 있는 것은 아니지만 전통적 불평등과 근대적 불평등의 개념과 이론, 그리고 한국사회의 불평등 현상을 이해하고 어떠한 과제가 있는 가를 알기 위하여 그간 노력하여 보았다. 그러한 노력의 일부가 이 책에 담긴 것이다.

사회계층이 사회학, 나아가 사회과학에 있어서 가장 중요한 학문적 영역임에도 불구하고 아직 우리나라에서는 이 분야에 대한 연구가 대단히 부진하다. 최근 사회계층에 관한 번역서가 몇 권 나와 있지만 그것은 사회계층 또는 사회계급에 대한 포괄적인 이해를 하기 위한 것이기 보다는 산업사회계층을 이해하기 위한 것이며 우리나라의 사회계층에 관한 것은 전연 없는 실정이다. 그래서 저자는 비록 미흡하지만 사회계층에 관한 입문서를 내기로 하였다. 이것은 저자의 최근 저서인 「한국사회계층연구」(일조각, 1982)의 이해에 도움이 될 것이다. 여기에 실린 글들은 주로 잡지사 편집원의 요구에 의하여 쓴 것이지만 사회계층의 이론이나 우리나라 사회계층의 특성을 이해하는데 어느 정도 도움이 되지 않을까 생각한다.

저자가 평소에 생각하는 사회계층이론은 신갈등주의적 관점이다. 신갈등주의적 관점은 갈등이론과 기능이론을 통합시킨 이론이다. 이러한 관점에서 사회불평등을 탐구하여야 그 실체가 올바르게 규명될 수 있을 것 같다. 현대사회에 있어서 사회적 불평등은 어느 특정한 이론적 관점과 사회적 요인에 의하여 형성되는 단원성이 아니고 오히려 다원성을 지니고 있는 것 같다. 예컨대 기존의 관점과 이론은 주로 재산설(소유관계)과 분업설(역할분화)이 지배적이지만 현대사회의 경우는 권위설과 권력설이 더욱 타당성을 지니고 있으며, 특히 우리나라 경우는 권력설이 보다 타당한 것 같다. 물론 이러한 관점과 요인이 혼합 또는 중첩되어 사회계층을 형성하고 있다.

오늘날 우리나라의 학풍과 이데올로기는 지나치게 기능주의·계량주의·보수주의의 관점이 지배적이기 때문에 사회계층이론에 있어서 가장 중요시 하는 불평등·대립·갈등·변동의 개념을 의도적으로 기피하면서 사회현실을 호도하려는 경향이 있다. 그렇다고 갈등이론에서 중요시 하는 계급·갈등·투쟁의 개념이 사라지는 것은 아니다. 오히려 이러한 것을 올바르게 인식하고 예방·해결하기 위한 노력이 우리의 학문적·정책적 과제가 아닌가 생각한다. 저자가 이러한 관점에서 기존의 불평등이론(신분·계급·계층)을 검토하고 우리 사회의 불평등의 구조와 변화를 구명 및 해결하기 위한 이론 구성을 위하여 그간 관심을 기울여 보았지만 미흡한 점이 대단히 많음을 자인하지 않을 수 없다.

출처 ; 「현대사회계층론」 초판 머리말, 한복연 출판부 (1983)

———— ○ ————

IMF 사태 후 신노동계급이 급증하고 있다.

저자가 18년전 「현대사회계층론」을 발행한 후 많은 정치적 사회적 변화가 일어났다. 우리나라에서는 오랫동안 남북분단이 지속되고 소위 군사정부의 시대가 있었으며, 구 소련과 동구권 등 사회주의권의 몰락과 동시에 영미를 중심으로 한 소위 신우파, 즉 신자유주의 세계화가 강력히 전개되기 시작하였다. 그 여파로 우리나라에는 1997년 말경 IMF 지배체제가 나타나게 되었다. IMF의 요구는 이미 1964년의 재정지원에서도 나타났다. 이러한 것이 계급구조의 신식민성을 창조한다. 그리하여 새로운 계급, 특히 신노동계급(인종적 빈민 등)을 대량으로 창출하고 있다.

최근 한국은 국제 환경의 변화와 IMF, 즉 선진 독점자본주의가 지배하면서 소위 구조조정으로 대량의 실업자와 시장 개방 등으로 국가적 빈곤화와 사회불평등이 일어나게 되었다. 빈곤화와 불평등화의 수준과 그 원인 및 대책을 강구하기 위한 노력이 계층·계급을 연구하는 사회과학도의 주요한 과제가 아닌가 생각한다.

출처 ; 「현대사회계층론」 증보개정판 머리말, 한복연 출판부 (1999)

지난 300년간 신분 및 계급구조는 어떻게 변화하였는가

사회계층에 대한 연구는 사회불평등에 관한 연구이다. 사회불평등을 표현하는 개념은 계층이라는 말 대신에 신분 또는 계급이라는 말을 사용하는 경우가 많다. 또한 반상·양천의 개념과 같이 우리의 전통사회 불평등을 표현하는 신분개념도 있고 Estate 또는 Caste 와 같이 중세의 유럽과 인도의 신분개념도 있다. 이와 같이 나라와 시대에 따라 사회불평등을 표현하는 특정의 개념이 존재한다. 그러나 오늘날에는 근대사회 이후에 형성된 불평등 개념인 자본가계급과 노동자계급, 또는 상층·중간층·하층의 개념이 널리 사용되고 있다.

이와 같이 사회불평등의 개념이 독특한 역사적·사회적 의미를 지니고 있지만 그 기본적인 성질이 무시 되고서 우리나라에 사용되는 경우가 많다. 물론 외래적 개념이 우리의 사회분석에 유용한 개념이 될 수 있는 경우가 있지만 그렇지 못한 경우에는 오히려 사회불평등의 실상을 왜곡할 가능성이 큰 것이다. 따라서 우리의 실상에 맞는 불평등 개념이 마련되어야 하겠고 올바른 외래적, 특히 구미의 개념도 수정·보완하여 적용되어야할 것이다. 이러한 문제의 단적인 예가 신분·계급·계층이라는 개념의 사용에서 찾아볼 수 있다.

오늘날 사회불평등의 개념으로 계급이라는 말을 사용하기를 기피하고 계층이라는 말을 즐겨 사용한다. 계급의 개념을 기피하는 이유는 계급의 개념이 대립·투쟁이라는 고전적 의미를 지니고 있기 때문이고 계층의 개념은 조화·협조라는 기능적 의미를 지니고 있기 때문인 것 같다. 그렇다고 계급이 존재하지 않는 것은 아니며 계층도 동시에 존재한다. 우리의 현실은 이러한 양 개념이 별개로 적용되는 것이 모두 타당한 것은 아니지만 양 개념이 부분적으로 적용될 수 있는 타당성은 있는 것이다. 그렇지만, 분명한 것은 이러한 개념의 적용이 현실을 인식하는 데 도움이 되면서도 어느 하나의 적용이 사회적 현실을 왜곡·호도시킬 수 있고 또한 어떠한 목적에 이용될 수도 있는 것이다. 그것은 계급과 계층의 개념에 깔린 이념적·이론적 배경이 상이하기 때문이다. 즉 계급이론은 갈등주의에 기초하여 있고 계층이론은 기능주의에 기초하여 있는 것이다.[3] 따라서 사회불평등을 분석할 시에는 특정한 개념의 사용을 일부러 기피할 필요는 없을 것 같다. 이론적 관점 또는 목적에 따라 사회불평등을 달리 볼 수도 있기 때문이다.

저자가 이러한 문제를 모두 극복하고 우리의 사회불평등구조를 측정·파악하여 본 것은 아니다. 기존의 개념과 이론에 입각하여 우리의 불평등 사회구조와 변동을 파악하여 보면서 우리의 사회불평등이론을 귀납적 방법에 의하여 모색하여 보려고 한 것이다.

지난 100여년간만 하여도 우리의 사회가 전통→근대→현대에

---

3) 김영모, 「한국사회학」, 법문사, 1972, 제 1장 제 2절 참조.

의 급격한 변화가 일어나고, 동시에 그러한 사회적 특성이 중첩되어 있기 때문에 특정한 개념과 이론을 적용할 시에는 그 한계성이 두드러지게 나타났다. 또한 현존 자료의 한계성 때문에 사회의 불평등구조를 정확히 파악한다는 것은 거의 불가능한 일이었다. 특히 우리 사회는 불평등의 가장 큰 사회적 요인이 권력이기 때문에 이것을 생산관계 또는 권위관계(분배구조) 또는 역할분화 또는 귀속의식으로만 파악한다는 것은 대단히 무리하다.

그러나, 기존의 개념과 이론에 의해서도 지난 3백여년간, 즉 조선후기, 구한말, 일제시, 해방후에 있어서 사회불평등의 일단면을 엿볼 수 있을 것 같아서, 저자는 지난 17년간 이것을 탐구하기 위한 작업을 행하였다. 이러한 탐구작업이 무리인 줄 알면서 욕심을 낸 것은 사회계급 또는 계층 연구가 사회질서 및 정책과학에 있어서 기본적 과제가 되고 우리가 바라는 사회건설을 위하여 현존의 계층구조와 변화가 어떠한 문제가 있고, 나아가 어떠한 방향으로 시정하여야 될지를 알기 위한 것이었다. 이 정도의 작업결과도 기존의 자료와 문헌이 현존하고 있어서 가능하였다. 조선 후기와 한말의 경우는 호적과 양안의 분석이 가능하였고 일제시와 해방 후의 경우는 인구센서스보고의 분석과 표본조사에 의하여 가능하였다.

출처 ; 「한국사회계층연구」 머리말, 공저, 일조각 (1982. 1)

2) 조선시대의 지배계층

조선시대 양반관료의 출신성분은 무엇인가?

저자가 조선시대의 지배층에 관한 연구를 시작한 지는 이미 15여년이 되었다. 그러나 여러 가지 일에 시달리느라고 지배층에 관한 연구가 대단히 부진하였다. 지배층에 관한 최초의 학문적 관심은 현대사회의 지배층에 관한 연구의 필요성 때문에 출발하였다. 그것은 영광스럽지 못한 근대사의 주역이 어떠한 사회적 성격의 소유자였는지를 알고 싶었고, 따라서 어떠한 성격의 소유자가 우리의 민족적 과제인, 영광스러운 조국의 통일과 근대화를 이룩할 수 있을지 그 실마리를 얻기 위해서였다.

우리 나라의 역사는 한때 일제의 침략을 받았지만 전형적인 혁명을 경험하지 못하였기 때문에 사회적 지속성이 강력히 존재하였던 것 같다. 따라서 오늘날 한국사회의 지배층에 대한 이해는 조선사회 지배층의 이해에서 시작되어야 할 것 같다.

그리하여 조선시대의 지배층이라 할 수 있는 삼의정(상신)과 과거합격자의 사회적 배경분석에 일차적 관심을 가졌고,[4] 그 후 현대 지배층의 사회적 기원이 조선 말기 및 구한말의 지배층에서 찾아볼 수 있을 것 같아서 최근에는 이의 분석·연구에 전념하였

4) 이조 삼의정의 사회적 배경, 「한국사회학」 제 1권, 1964.
이씨 왕조시대의 지배층의 형성과 이동에 관한 연구, 「중앙대학교 논문집」 제 11집과 12집, 1966과 1967.
이조시대 과거합격자의 사회적 배경에 대한 고찰, 「일산김두종박사 고희기념 논문집」 1967.

다.[5)]

저자는 지배층의 개념을 지배계급(양반) 내에서도 높은 지위와 많은 권력을 소유하고 있는 관료로 보았기 때문에 조선시대의 양반관료를 주로 분석하였으며, 또한 이들에 대한 연구가 우리 나라의 양반사회를 이해하는데 그 첩경이 될 것으로 생각하였다. 이러한 관료양반에 관한 연구는 주로 문헌조사에 의한 그들의 사회적 배경의 체계적 분석에 의해서 접근하였다. 문헌조사는 주로 서지학적 보학적 접근방법(방목과 족보)을 사용하였고 배경분석은 당시의 사회변화, 그리고 지배층의 사회적 형성과 사회이동이 그들의 사회적 배경에 표현되어 있다는 가정에서 주로 과거 합격자와 관료 이력서의 내용에 대한 통계적 분석을 행하였다. 이러한 접근방법이 역사의 사회학적 이해에 있어서 가장 객관적이고 타당성이 있는 것으로 생각하였다.

그러한 연구 결과, 조선왕조는 문과출신 음자제들이 주요한 권력지배층이 되었으나 말기에는 무과, 중인 역관 출신이 새로운 관료지배층(당상관)이 되었다.

출처 ; 「조선지배층연구」 초판 머리말, 일조각 (1977. 11. 15)

---

5) 「한말지배층연구」 서울대학교 한국문화연구소, 1972.
개화기 정치개혁가의 사회적 성격, 「한국정치학보」 제 10집, 1976.
「조선말기 정치지배층의 사회적 기원에 관한 연구」 서울대 대학원 문학박사 논문, 1976.
19세기 잡과합격자의 사회적 배경, 「한국학보」 제 8집, 1977.

한말 관료의 출신배경은 무엇인가?

우리는 오늘날 까지 비민주적인 역사 속에 살면서 왜, 그리고 누구 때문에 그러한 굴레에서 살게 되었는가에 대한 철저한 학문적 검토가 별로 없는 것 같다.

최근 우리가 일제의 식민지로 전락되어 갖은 착취와 수모를 겪어 왔고 이의 상처가 아직도 아물지 못하고 새로운 진통을 겪고 있다. 이것은 개항 이후 조선 왕조 지배층의 책임이라고 하지 않을 수 없다. 특히 한말 지배층의 사회적 성격을 규명함으로써 일제의 식민지가 된 원인의 일면을 엿볼 수 있을 것이다.

한말이라는 역사적 변혁기에 당시의 지배층이 어떻게 생성되고 적응하며 변질되어 가는가를 규명한다는 것은 매우 흥미있는 과제이다. 한말 지배층이 외세와 결탁할 수 있는 것은 당시의 정치적·경제적 상황이 커다란 요인이 되었겠으나, 무엇보다도 그들의 사회적 성분이 비민주적 비자주적 성격이 강하였기 때문이다. 지배층은 정치적·사회적 변화의 산물이고, 따라서 식민지화의 정치사회 변화가 그들의 사회적 속성(사회화 기구)에 표현되어 있는 것이다. 그러므로 지배층이 충원될 수 있는 사회제도와 기회구조, 그리고 사회화 기구를 분석·고찰함으로써 지배층의 사회적 성격을 어느 정도 파악할 수 있을 것이다.

지배층의 충원제도는 당시의 관리임용과 학교교육에 관한 각종 법령의 분석이 그 중심이 되었고, 지배층의 기회구조와 사회화 기구는 주로 그들의 이력서와 족보의 분석에 의하여 이해하려고 하였다.

저자는 역사를 연구하는데 있어서 종래 우리나라 사가의 공통된 접근방법인 개별적 실증주의는 재 검토되어야 하리라 생각한다. 왜냐하면 이것은 역사인식의 객관성이 결여되어 있을 뿐만 아니라 이러한 방법에 의하여 비록 민족주의적 사관의 사론이 정립되었다 할지라도 식민주의 사관이 동일한 방법에 의하여 그것을 부정할 수 있고, 많은 죄를 저지른 역사의 주역들이 오히려 미화되기 쉬운 것이다. 따라서 집합적 실증주의의 접근방법에 의한 역사 연구가 더욱 필요하리라 생각한다. 저자는 역사 연구에 있어서 개별적 방법이 전혀 무의미한 것이라는 것은 아니고 집합적 방법과의 상호보완적 가치가 있다고 생각한다. 이러한 사실 발견에서 우리나라의 사론이 재정립되어야 할 것이다. 한말 지배층에 대한 연구는 집합적 실증주의의 접근 방법에 의한 것이다.

갑오개혁 이후 관료의 충원 방법이 전통적인 과거제도보다도 신제교육 출신이 우세하였으나 아직도 추천과 특혜규정에 의하여 관료가 된 경우가 많았다. 그리하여 한말 관료의 신분배경은 명문족보에서 전체의 3할을 찾아볼 수 있기 때문에 매우 낮은 편이다. 그러나 상층관료는 관료지배층의 자제들이 많고 다수 관료는 갑오개혁 이전의 중인과 신흥자산가의 자제들이다. 그리고 상층관료는 신분세습성이 높지만 다수의 하층관료는 중인과 자산가와 같은 중간계급이 대량으로 진출한다.

출처 ; 「한말지배층연구」 머리말, 서울대 한국문화연구소 (1972)

일제 한인지배층은 어떻게 형성되었는가?

일제는 1876년 한일수호조약(개항)과 정한론[6] 이래 꾸준히 조선 침략을 획책하여 왔다. 그 주요한 역사적 사건으로 갑신정변, 갑오개혁, 을미사변, 을사보호조약, 정미한일협약 등에서 찾아 볼 수 있다. 이러한 것을 검토하여 보면, '일제 지배 36년'이란 표현은 잘 못된 것 같다. 적어도 1905년 을사보호조약 이후 40여년간은 일제하 지배로 보아야 할 것이다.

그 이전에도 각종 협정서를 통하여 내정간섭, 통신권 등이 빼앗겼지만 1907년 한일협약 이후에는 일제 통감이 일인 차관 및 한인 고등관 등의 인사권과 시정개선, 법령제정을 비롯한 왕권(국권)을 장악하였기 때문이다. 특히 1895년 을미사변을 통하여 친청 민비세력을 거세한 후 일제는 대한제국에 각종의 조약 체결과 이권을 독식하면서 친일세력을 형성하였다.

그리하여 저자는 일제 침략과정에 체결된 각종 한일간 협약

---

6) 사이고 다카모리(西,鄕隆盛 (일본 각료인 참의, 육군대신, 근위도독)는 명치유신의 핵심인물로, 그가 정한론(정한론)을 1873년 6월 12일 메이지(명치)정부의 묘의에 부친 후 일본 조야가 시끄러웠다. 사이고는 전국 2백만 이상의 몰락 사족(사무라이 계급)을 구하기 위하여 해외 원정, 즉 조선왕조의 쇄국정책을 쳐야한다고 주장하였지만 다수의 대신들은 일본의 내정개혁론(문명개화, 부국강병)을 주장하였다. 그의 주장이 관철되지 않자 낙향하여 세이난(서남)난을 일으켰다가 자결하였다.

메이지 지배층은 다수가 하층무사계급출신이고 이들은 대부분 서구식 교육과 혁신적 정치활동을 한, 교토(29.6%)와 사쓰마(17.5%) 및 조슈(8.3%) 출신이다. 사이고 타카모리와 조선통감을 지낸 이또 히로부미와 데라우찌 마사다께, 하세가와 요시미치도 야마구치현(山)口縣) 출신이다.(Bernard Silberman, *Ministers of Modernization, Elite Mobility in the Meiji Restoration*, 1868~1873, The University of Arizona Press, 1964, pp.52, 60, 78)

및 조약을 누가 주도하였는지, 그리고 그 당시의 내각 대신 등 관료지배층의 성격을 파악하는 것이 주요한 연구 목적이다. 그뿐만 아니라 해방 후 한국사회 권력지배층의 사회적 기원이 주로 일제시 관료와 지주 부농에서 찾아 볼 수 있기 때문에 이에 대한 연구를 하지 않을 수 없었다. 그리고 갑오개혁을 다루게 된 것은 그것의 핵심인 신분개혁과 관제개혁이 일제시 뿐만 아니라 오늘날 까지도 주요한 영향을 미치고 있기 때문이다.

한편, 상실되어 가는 왕권(국권)의 회복을 위하여, 특히 동학농민과 의병들의 반정부, 반일 항쟁이 치열하였는데 이들의 신분 및 항쟁의 성격을 동시에 규명할 필요성이 있었다. 이것은 국권 상실에 대한 외세, 즉 일본 제국주의 침탈에 대한 반일, 반제 투쟁 뿐만 아니라 친일 관료지배층의 부정부패(매관매직, 탐관오리 등)에 대한 탄핵 운동이며, 동시에 자신들의 신분해방운동이었기 때문이다. 다시 말하면 반봉건, 반외세의 민족해방운동이라 할 수 있다.

이러한 운동에 대하여 친일 봉건 관료지배층은 외세와 결탁하여 관군과 일본 헌병들이 동학 농민과 한말 의병들에 대한 대대적인 토벌을 무자비하게 단행하였다. 그러한 결과 일제는 1910년 '일한병합조약'을 강압적으로 체결하여 36년간 한반도를 식민지화 하였다.

일제와 조선 관료지배층이 조약 체결시 전제한, 조선의 자주권과 일본과의 평등권(강화도수호조약)을 보장하지 않고, 또한 조선이 부강할 때 까지 기다리지 않고(을사보호조약) 아예 잡아 먹어버린 것이다. 그리하여 일제는 한일합방에 주도적 역할을 한 관료지배층과 왕실 및 척신들을 조선 귀족으로 예우하고, 일반 관료를 초기에는 식민지 관료로 대부분 유임하였지만, 일제는 36년간 한민족의 고혈을 빨아 부강하였다.

이러한 식민지 착취에서 일제에 협력한 한인 관료 및 관료지배층(고등관)은 누구이며 이들은 어떻게 하여 형성되었는 가를 규명하는 것이 본 연구의 주요한 과제이다.

이러한 과제를 탐구하기 위하여 저자는 특히 일제시 관료지배층이라 볼 수 있는 한인 도지사와 참여관, 그리고 군수들의 사회적 배경을 분석하여 그 성격을 파악하여 보았다.[7] 그 뿐만 아니라 고등관료가 되려면 문관시험이나 중학 이상 전문 교육을 받아야 판임관 이상이 될 수 있기 때문에 고등관료를 가장 많이 배출한 경성제국대학과 경성고보, 경성중학 및 대구고보 졸업생들의 신분배경과 사회적 진출도 동시에 분석하여 보았다.

이와 같이 갑오개혁 후 50여 년간의 관료지배층을 분석하여 보면, 일제시 전통적인 관료지배층(문관)은 합방후 정치권력에서 배제(몰락)되었지만, 이들이 재계(대지주 또는 상공인 등)를 주도하였으며, 이러한 물질적 기반으로 친일 무관 출신들은 무사계급(사무라이) 출신인 통감 및 총독 통치하에서 승승장구 하여 일제하

7) 저자가 사회적 배경분석에 의하여 권력 지배층 또는 정책 결정자를 연구하는 것은 현재까지 비교연구 결과에서 3가지 요인, 즉 ① 사회구조가 정치적 기회에 영향을 미치고, ② 퍼스낼리티 구조가 정치적 동기를 제공하며, ③ 정치적 기술이 정치적 성공도에 영향을 미친다는 가정에서 출발하였다.(Donald R. Matthews, *The Social Background of Political Decision-Makers*, Random House, N, Y., 1954, p.57)

한인지배층의 핵심이 되었다. 그리고 권력에서 배제된 조선귀족은 일제시 자손들이 유학 등 신제 교육을 통하여 식민지 관료 및 지식인 등 화이트 칼라로 재등장하고 있었다. 또한 관료지배층이 되려면 문관시험에 합격하거나 전문대학 출신이 되어야 하기 때문에 재력과 친일성이 강한 관공리와 지주부농 및 향리 출신들이 용이하게 상승 이동하고 있었다.

이러한 결과는 오늘날 까지 학벌주의와 소위 빽 및 연줄이 출세의 지름길로 인식하게 되었다. 저자는 오래 전「한말 지배층연구」와 '독립운동의 사회적 성격'을 발표한 바 있다.[8] 그 후 작성하여 발표한 3편의 논문[9]과 최근 새로 작성한 2편의 논문(미발표)을 본서에 게재한다. 그간 본 연구를 위하여 지원해 준 한국정신문화연구원 관계자 분들에게 먼저 깊은 감사를 드린다.

마지막으로 본 서에 소개된 사진은 대부분「사진으로 보는 한국 백년」(동아일보사, 1978)에서 채록하였다. 특히 전산입력과 편집에 수고해 준 고헌복지재단 이지은 양에게 깊은 감사를 드린다.

출처 ; 「일제하 한인지배층 연구」머리말, 고헌출판부 (2009)

---

8) 김영모,「한말지배층연구」, 서울대학교 한국문화연구소, 1972
김영모,「조선지배층연구」, 일조각 1977, 고헌 2002
김영모, 독립운동의 사회적 성격,「아세아연구」, 통권 59호, 고려대 아세아문제연구소, 1978
김영모,「한국지배층연구」, 일조각, 1982

9) 김영모, 갑오개혁의 법제적 양상과 일제의 간섭,「한국의 사회와 문화」, 제 11집, 한국정신문화연구원, 1990
김영모, 일제하의 지주계층,「한국의 사회와 문화」, 제 7집, 한국정신문화연구원,1986
김영모, 일제하의 사회정책,「한민족독립운동사」, 5, 국사편찬위원회, 1990

양심적인 민족지도자는 누구인가?

4.19 세대는 자유와 민주주의 및 자주적 민족통일에 관심이 많았다. 우리는 1959년 대학시절 스스로 '후진사회연구회'를 조직하여[10] 제 2차 세계대전 후 우리나라 뿐만 아니라 아시아·아프리카의 민족문제, 특히 민족지도자에 관한 논의를 한 적이 있다. 그러한 결과 아시아·아프리카의 발전은 서구의 근대화 논리 보다는 오히려 그것에 대항하는 식민지 민족주의, 즉 민족해방운동의 논리가 더욱 타당하다는 것을 알았다.

이러한 민족해방운동이 제 2차 세계대전 후 한 때 후진국가에서 불길처럼 일어났다. 그것은 1950년대 후반 미·소의 양대 블록에서 이탈하여 제 3세계를 지향하는 아·아 민족주의였다.(반둥회의 등)

우리나라의 경우 일찍이 조선말기 일제 침략에 대항하여 동학농민운동과 한말 의병운동이 일어났으며 일제 지배하 민족독립운동과 해방후 빨치산 운동에서도 그것을 찾아 볼 수 있었다.

그리하여 저자는 이러한 민족운동은 왜 일어났고, 또 누가 주도하였으며, 그것의 정치적 사회적 성격이 무엇인가를 그간 탐구하여 보았다.

우리나라 근·현대사에 있어서 가장 중요한 민족문제는 무엇보다도 조선왕조 말기에 일제의 식민지가 되었다는 것이고, 또 해방후 남북 분단의 극복, 즉 민족통일이 역사적 과제가 되어 있다는

---

10) '후진사회연구회'는 1959년 봄, 서울대학교 문리대 사회학과, 정치학과, 사학과 3, 4년생들이 '민족주체성을 확립하자'(문리대 교정 게시판)는 슬로건 하에 발기하였다.

것이다. 오늘날 비민족적 양심을 지닌, 일부 권력지배층이 선진국 논리인 세계화(globalization)가 마치 우리의 살 길인양 주장하고 있지만, 이것은 근대화(서구화)의 논리와 마찬가지로 민족간, 국가간, 심지어 계급간 이익대립, 즉 사회갈등을 격화시킬 것이다.

이러한 문제는 무엇보다도 우리나라 권력지배층의 반민족적이고 반민주적인 양심(행동)에서 나타나게 된 것이다.[11] 이것을 해결하기 위하여 나타난 사회세력, 즉 창조적 소수자가 있었으나 외세의 강력한 군사력과 반민족적 지배층에 의하여 좌절되었다. 그들은 비록 좌절되었지만 민족문제가 존재하는 한 자주적 민족국가를 수립하기 위한 지속적인 민족해방운동이 일어날 것이다.

저자가 특히 주목한 민족해방운동은 첫째로 일제 초기에 일어났던 동학농민 운동과 통감부하 의병운동이고, 둘째로 해방 후 일어난 남한 빨치산 운동이다. 전자는 전봉준 등 동학지도자와 홍범도 등의 의병장들이 전국적으로 오랫동안 외세와 관군에 무력으로 맞서면서 반 외세, 반 정부, 반 봉건적 신분운동을 전개하였고, 해방 후 반미 통일운동과 계급혁명을 주도하였다. 이들의 지도부는 소수의 지식인들이었으나 다수는 빈민과 영세상공업자였다.

저자는 근·현대사에 일어난 민족독립운동의 지도자와 그 참여자에 대한 관심이 많아서 이들의 출신배경과 이념(욕구)이 무엇인가를 규명하려고 하였다.

우리나라의 민족해방운동은 기본적으로 일본 침략자에 대한

---

11) 김영모,「일제하 한인지배층연구」, 고헌, 2009, 제 1, 2, 3장 참조
김영모,「한국권력지배층연구」, 고헌, 2009, 제 1장 참조

저항운동인 동시에 그들과 야합 및 동조한 지배계층에 대한 신분 및 계급투쟁이었다. 따라서 반침략, 반봉건의 독립운동인 것이다.

이러한 민족독립운동은 하층중간계급 출신의 지식인(lower-middle-class intellectuals)에 의하여 주도 되었지만, 그 주력부대는 소농민, 소상인, 수공남한 빨치산운동은 1950년 6.25 전쟁 전에는 구빨치산이 주도하였으나, 전쟁 이후에는 전술한 바와 같이 남로당(북한)이 보낸 조선인민유격대와 인민군 점령지역에서 발생한 신빨치산들이 합세한 유격전이었다. 업자, 노동자로 구성된 피지배계급에 의하여 형성되었다.

남한 빨치산의 지도부는 초기에는 비록 민족주의적 성향이 있었으나 6.25 전쟁 이후에는 대부분 전문대학교육을 이수한 인테리겐챠(지식계급)이고, 이들은 대부분 남로당계의 공산주의자들이다. 그리고 빨치산 대원들은 대부분 빈민과 노동자들로 구성된 신빨치산들이고, 동시에 피지배계급이며, 이들은 일제시 부터 해방후에도 지주부농과 부르조아지의 지배계급으로 부터 착취당하였다. 그리하여 그들에게는 일제로 부터의 해방이 동시에 해방후에도 곧 외세(미군)와 지배계급(지주와 자본가)으로 부터 해방을 의미하는 것이었다.

이에 대한 연구는 다행히 일제하 독립운동가의 '죄수 명부'와 공판기록(판결문)을 입수(복사)하여 분석할 수 있었고, 또한 빨치산의 경우 미군 정보기관이 입수한 자료(빨치산 명단 등)를 분석할 수 있어서 가능하였다.

출처 ; 「한국민족해방운동연구」 머리말, 고헌 출판부(2012)

해방후 권력지배층의 출신성분은 무엇인가?

저자가 우리나라 지배층 또는 권력지배층에 관한 연구를 시작한지 벌써 50여년이 되었다. 1960년대 초 경제적 지배층의 형성과정에 관한 연구[12]를 시작하여 1970년대 현대 한국사회 지배층 연구[13]를 하면서, 우리나라 지배층의 역사적 사회적 기원(배경)이 한말·일제시, 나아가 조선시대에서 부터 찾아야 됨을 알게 되어 이 시대의 지배층에 관한 연구를 하지 않을 수 없었다.[14]

그리하여 저자는 최근 지난 100여년간 근대화 과정에 있어서 권력지배층의 형성과 이동에 관한 연구를 다시금 시작하였다.

일제시 한인지배층은 그 기원이 조선말기에서 비롯되었기 때문에 갑오개혁과 일제 침략하 조선지배층을 다루지 않을 수 없었고, 동시에 일제시 한인지배층인 도지사, 참여관 및 군수의 출신배경과 충원구조를 분석, 파악하여 보았다.[15]

해방 이후 권력지배층은 과거와는 달리 지배층의 분화현상이 나타나고 있으나, 그 중에서도 가장 전형적인 권력지배층이라 볼 수 있는 대통령 뿐만 아니라 청와대 참모(비서관), 내각 각료(장차관), 고위관료, 국회의원 및 법관들의 사회적 배경을 파악하여 보려고 하였다. 동시에 이들의 이념과 정책의 성격을 규명하기 위

12) 「한국 경제적 엘리뜨의 형성과정」, 서울대학교 대학원 석사학위논문, 1962
13) 「한국지배층연구」, 일조각, 1982
14) 「한말 지배층연구」, 서울대학교 한국문화연구소, 1972
「조선지배층연구」, 일조각, 1977
15) 「일제하 한인지배층연구」, 고헌, 2009

하여 대선 및 총선의 공약을 분석하였고, 또한 최근 경제위기에 대한 그들의 대응책과 그들의 주요한 충원요인인 교육기회구조를 파악하여 보았다.

그러한 결과, 지난 백년간 한국사회 지배층은 전통적인 지배세력 이외에 진취적인 중간계급이 정권의 교체에도 불구하고 역사의 주역이 되어 왔음을 알 수 있었다.

일제시 전통적인 지배층(문관)은 비록 정치권력에서 배제되었지만, 친일 무관과 중인 신분층이 한인지배층의 핵심세력이 되었으며, 권력에서 배제된 조선 귀족이나 관료출신들은 대지주 및 상공업가 등 경제적 기반으로 자손들을 유학 등 신제교육을 시켜서 신민지 관료와 전문직(지식인)에 종사할 수 있었다.

해방후에도 이러한 지배층이 70년대 군정시 까지 군부 장성과 함께 권력지배층의 핵심을 이루었다. 그러나, 80년대 이후 민주화 정권의 권력지배층은 해방후, 특히 60년대 공업화로 성장한 중산층(화이트 칼라와 자영 농상공인)의 자손들이었다. 이들 중에 고등교육을 받아 고위 관료와 국회의원 및 대학교수들이 되었다. 이들은 충원제도와 유사한 사회경제적 배경으로 권력공동체를 형성하면서 새로운 정치계급을 형성하고 심지어 많은 비리(정경유착과 화이트 칼라 범죄)를 저지르고 있다.

출처 ; 「한국권력지배층연구」 초판 머리말, 고헌 출판부 (2009)

오늘날 권력지배층은 상층 부르조아지이다.

오늘날 권력지배층이 다양하게 분화되어 간다고 하지만 아직도 주로 정치인, 행정관료, 대기업 자본가에게 권력과 특혜가 집중되어 있는 편이다. 모든 권력이 국민으로부터 나온다고 헌법(제2조)에 명시되어 있지만 이것은 선거직(대통령과 지자체장)을 말하고, 그 보다도 이들이 임명한 고위직(관료)이 더 많은 권력을 행사하고 있을지 모른다.

이와 같은 권력지배층은 학연, 지연, 직연 등에 의하여 권력공동체를 형성하고, 관치금융, 전관예우, 관피아, 낙하산 인사 등으로 영향력을 행사한다. 그리고 대기업인은 정경유착, 사외이사, 비자금, 구조조정, 횡령, 탈세 등으로 기업을 보호하고 불법적인 사리사욕을 추구한다. 소위 권력형 부정부패와 화이트 칼라 범죄를 저지른다.

이와같이 썩어 빠진, 존경을 받지 못하는 권력지배층으로는 헌법에 명시된 민족 복지국가를 만들 수 없고, 나아가 자주적인 평화통일을 이룩할 수가 없다. 선거공약을 파기하고 거짓말만 하는 그들이 선임한 선거직이 있을때 훌륭한 지도력과 민족의 장래를 기약할 수 없고, 양심적인 임명직을 기대할 수가 없다. 더욱이 민족은 분단되고 사회는 양극화 되어가는 상황에서 반민족적 외세지향적 권력지배층으로는 통일된 민족국가를 수립할 수 없다.

그런데 우리나라 권력지배층은 세대내, 세대간 세습성(지속성)이 대단히 높다. 이러한 세습성은 기본적으로 자본주의의 구조적 특성에서 주로 기인되겠지만, 불행하게 자주적 평화통일과 민족적 복지국가를 건설하기 어려울 것이다.

저자가 권력지배층을 연구하면서 그들의 사회적 배경(소위 출신성분)을 중요시 하고, 그것을 분석하여 그들의 사회적 관계(연고성)를 통한 기회구조와 사회이동 및 자본축적, 나아가 그들의 부정한 비리를 밝히려고 하였다. 이러한 것을 밝히는데 사회학적 상상력(해석)을 가급적 최소화 하고 주로 실증적 분석을 하였다.

지난 5개 정권의 권력지배층은 전체 국민에 비하여 높은 학력(일류대)과 경력 및 많은 재산을 소유하고 있다. 이들은 거의 대부분 ① 고위관료와 ② 대학교수 및 ③ 국회의원 출신이다. 이러한 정치계급은 현행 지방자체제도의 발달로 더욱 증가할 것이다. 이들은 학력과 직력 및 소유재산 등으로 보아 지배계급 내에서도 극소수인 신부르조아지의 성격이 매우 강하다. 신부르조아지는 생산수단이 없거나 비록 있다 하더라도 계급적 이익이 거의 없으면서 많은 권력을 소유 및 행사하는 사람(집단)을 말한다. 이러한 신부르조아지(신자산계급)는 정치인과 상층의 신중간계급(신중산층)을 말한다. 그리고 신부르조아지는 자본가계급의 성격(현상유지의 보수성과 특권의식)과 신중산층의 이념적 특징(반자본가, 개혁성, 개인주의, 권력애착심, 승진)을 동시에 지닌다.

출처 ; 「한국권력지배층연구」 재판 머리말, 고헌출판부 (2016. 8)

한국 재벌은 어떻게 형성되었는가?

저자가 대기업자본가의 형성과 이동에 관한 연구를 시작한지 50여년이 되었다.[16] 그간 다른 연구(사회계층 및 사회정책)를 하느라고 시간이 없어서 정년 퇴임한 후 이에 대한 연구를 지속할수 있었다.

오늘날 우리나라 대기업자본가(소위 재벌)는 과거에 비하여 경제적 규모와 지위가 엄청나게 성장하였지만, 그 기본적 성격은 큰 차이가 없다. 그것은 대기업자본가가 정부의 특혜와 탈법 등 부정한 방법으로 자본을 축적하였고, 또한 그들 자손에게 변칙 승계하였다는 것이다. 그리하여 대기업자본가의 사회이동율(세습율)이 대단히 높다.

우리나라 대기업자본가들은 1960년대 이후 오늘날 까지 군사정부와 경제관료들의 소위 '선택과 집중의 경제개발 논리'와 온갖 특혜와 부정한 방법에 의하여 육성되었다. '파이를 키워야 나누어 먹을 것이 있다'는 성장논리는 아직도 여전하다. 그러나 '키워 놓은 파이'는 기득권 행사를 하면서 자기들 끼리 축제를 벌이고, 그것을 베풀어야 하는 사회적 책임은 잊어버리고 있다. 그러한 결과 자본독점과 사회적 양극화 및 많은 문제(빈곤과 불평등 및 범죄 등)를 조성하고 있다.

---

16) 김영모,「한국사회의 경제적 엘리트의 형성과정」, 서울대학교 대학원 석사학위논문, 1962, 저자가 1950년대 우리나라 대기업자본가를 경제적 엘리트라 하고 기업엘리트(business elite)라 하지 않은 것은 대기업가의 소유권과 경영권이 통합되어 있었고, 또 자본가계급 중에서 힘 있는 소수의 대기업가(소위 재벌)를 다루었기 때문이다.

그리하여 저자는 이러한 문제를 되풀이 하지 않기 위하여 대기업자본가의 형성과 이동을 그들의 출신배경과 자본축적 방법을 중심으로 규명하였다.

그러한 결과 한국 자본주의의 발달로 인한 계급형성, 특히 대기업자본가계급의 형성이 단순히 생산관계에서만 비롯되는 것이 아니라 오히려 비생산적 관계, 즉 전쟁과 비합법적 권력(정책특혜와 부정·불법 등) 정경유착 및 인프레이션 등에 의하여 크게 이루어지고 있음을 알 수 있었다. 그리하여 저자는 계층형성이론에 있어서 권력설을 일찍이 주장하였다.[17)]

최근 대기업자본가에 관한 연구를 효과적으로 수행 할 수 있었던 것은 1990년대 부터 대기업집단이 공정거래위원회와 금융감독원에 제출한 연간 사업보고서(사업내용, 재무제표, 이사회, 임직원 등 포함)와 주요 언론기관의 인물정보를 인터넷을 통하여 손쉽게 볼 수 있었기 때문이다. 과거에 비하여 연구를 하는데 격세지감이 있었다.

출처 ; 「한국자본가계급연구」 초판 머리말, 고헌 출판부 (2012. 3. 2)

17) Karl Marx는 부르조아지(자본가계급)의 성장(자본축적)을 생산관계에서 잉여노동가치의 착취설을 주장하고, 그와 Max Weber는 권력설을 주장하였지만, 그들은 합법적 권력(베버와 R. Dahrendorf는 이것을 권위라 하였음)을 말하였다. 저자는 합법적 권력 뿐만 아니라 비합법적 권력을 말한다. (김영모, 「현대사회계층론」, 한복연 출판부, 1982, 1999, 제 3, 4장 참조)

한국재벌은 부정축재자이다.

우리나라 자본가계급은 2010년 현재 전체 경제활동인구의 약 6.4%이다. 이들은 공업화로 해마다 증가되어 왔다. 그러나, 이들은 대자적 계급의식을 지닌 사회집단이라고 보기는 어렵다. 자본가계급 중에서도 대기업잡단은 계급의식을 지니고, 계급조직(전국경제인연합회, 대한상공회의소, 전국 경영자총연합회 등)을 통하여 계급적 이익(정경유착과 독점광고)을 보호하고 정부와 언론 등에 강력한 집단 행동(정책건의, 교류 등)을 하고 있다.

우리나라 대기업집단의 자본축적과정을 보면, 정부주도의 경제개발정책과 경제위기시 구조조정을 통하여 정경유착, 관치금융, 특혜, 비자금, 탈세, 횡령 등 비합법적, 부도덕한 특성을 지니고 있어서 건전한 사기업으로서의 정체성을 상실하였다. 최근 박대통령과 최순실의 국정농단사건을 보면, 우리나라의 전형적인 정경유착을 통한 재벌의 자본축적 과정을 볼 수 있다. 대통령의 한마디에 청와대 경제수석의 지시와 전경련 부회장의 요청으로 54개 회원사 등에게 774억원의 강제모금을 할 수 있고, 재벌들은 경영승계, 특별사면, 면세점 등 각종 대가(이권)를 획득한다. 그리하여 많은 정치인과 전문가들은 재벌개혁을 강력히 주장하고 있다.

우리나라 대기업집단(소위 재벌)은 강력한 독점경제력을 지니고 있다. 국민총생산의 75.6%, 매출액의 53.3%, 유가증권의 56%를 지니고 있으며 또, 상장주식의 3%미만을 가진 소유자(소위 총수)

가 황제적 경영을 하며, 많은 고임금과 혜택을 누리고 있다. 심지어 공기업도 낙하산 인사들이 부실한 경영을 하면서 관치금융과 고임금 및 성과급을 누리고 있다.

한편, 정부와 공기업은 많은 부채(2016년 682조원, 이 중에서 박근혜정부가 3년간 236조원)가 있으면서 각 정권마다 많은 기채를 하고, 또 기업과 가계도 많은 부채를 지니고 있다. (현재 전자는 1,500조원과 후자는 1,257조원) 가계부채는 정부의 경기부양책(주택정책)의 산물이다. 10대 대기업(재벌)의 사내 유보금이 현재 550조를 넘으면서 부채를 갚을 생각을 안한다. 70년대 처럼 빚이 많은 국가이던 기업일수록 '누가 감히 인수하겠느냐'는 잘못된 정신상태를 가진 것이 우리나라의 최고 지도자들인 것 같다.

이미 우리나라 상장기업주의 33.7%가 외국인이 보유하고, 특히 장사가 잘되는 삼성전자, 현대자동차, SK그룹의 경우 50% 이상이다. 외채도 GDP의 40.4%가 되는 3,990달러 인데도 불구하고 최근 정부는 수십조가 넘는 사드 배치니 핵잠수함의 도입 등을 주장하고 있다.

이 많은 부채를 누가 책임질 것인가? 그간 부채를 조성한 정부, 기업, 가계가 마땅히 무한책임(구상권 행사 등)을 져야 할 것이다. 지금이라도 이러한 부채를 탕감할 수 있는 대책(특히 정부개혁)을 강구해야 한다.

출처 ; 「한국자본가계급연구」 재판 머리말, 고헌 출판부 (2016. 8. 15)

우리나라 중산층은 존재하는가?

중산층의 개념은 중간(계)층, 또는 중간계급 등으로 불리기도 하지만 이것은 오히려 계층적, 계급적 성격을 동시에 지니고 있다. 일반적으로 중산층을 자영업자와 같이 구중산층, 그리고 화이트 칼라 같은 신중산층으로 구별하고 있다. 전자는 비록 영세하지만 생산수단을 소유하고, 후자는 정신적 노동력을 소유하고 있는 것이 다른 계급, 즉 노동자계급 또는 자본가계급과의 주요한 차이점으로 지적하고 있으나 이들은 동시에 두 가지를 겸비하고 있는 것이 특징이다. 그것을 신중산층도 기능론자들이 주장하는 바와 같이 지식(학위 등)과 기술(자격증 등)과 같은 생산수단을 소유하고 구중산층도 본인 및 가족노동에 주로 의존하고 있는 것이다. 물론 이것은 마르크스주의자들의 견해와 다르다.

이러한 중산층, 특히 신중산층이 현대 산업사회에 있어서 문제가 되는 것이 그들이 양적으로나 질적으로 증가되고, 또한 사회변혁과 민주주의의 주요한 정치적 사회적 과제가 되어 있다. 이러한 과제는 우리 나라에서도 60년대 이후 많이 논의되었고, 그간 4·19혁명, 6·29선언, 심지어 군사혁명까지도 중산층이 주도한 것으로 규정하는 경우를 볼 수 있으나 아직도 이에 대한 실체를 제대로 규명하지 못하고 있다. 이에 대한 실체와 성격을 올바르게 규명하기 위해서는 과연 우리나라에 중산층이 존재하느냐, 존재한다면 그들의 계급적 계층적 성격이 우선 밝혀져야 할 것이다. 그럼에도 불구하고 우리 나라의 중산층에 대한 이러한 연구가 거의 없는 실정이다.

그리하여 저자는 중산층의 개념과 그 내용을 이론적 관점에 따라 분명히 밝히고 이러한 중산층을 구성하는 직업, 즉 화이트 칼라와 자영업자의 계층적 계급적 성격을 그들의 사회적 특성, 사회이동, 기회구조, 이데올르기 등의 측면에서 분석하여 보았다. 아울러 화이트 칼라의 주요한 충원요건이 되는 대학교육의 기회구조와 자영업자의 경제적 기반이 되는, 그들의 고용조건과 소득구조를 밝혀 보았다.

우리 나라의 중산층은 선진 국가의 경우와 매우 다르지만 1996년 직업구조상으로 화이트 칼라가 24.8%, 자영업자가 43.2%가 된다. 화이트 칼라 중 중산층에의 귀속의식이 있는 신중산층은 17.5%, 그리고 구중산층의 경우 23.9%이다. 즉 우리 나라 경제활동 인구의 41.4%가 중산층에 속하는데 이들의 5할(구중산층) 내지 6할(신중산층)이 다른 계급과 차별화된 중산층으로서 인식하고 있다. 이러한 중산층은 10년전에 비하여 많이 증가되었는데 이것은 그간 임금 등 노동조건의 개선에서 비롯된 것 같다.

출처 ; 「한국중산층연구」 머리말, 중앙대학교 출판부 (1997. 7)

조선·한국사회를 누가 지배하여 왔는가?

저자가 우리나라의 신분·계급·계층에 관심을 가지고, 이에 대한 연구를 시작한 지도 벌써 반세기가 지났다. 반세기 동안 저자는 일찍이 조선시대의 신분 및 지배층 뿐만 아니라 한말·일제시와 해방후의 계급 및 지배층의 문제를 많이 다루어 보았다. 또한 최근 저자가 이미 다루었던 방목과 호적을 분석하여 후학들의 많은 논문들이 발표되고 있다.

이러한 연구결과에서 조선시대의 신분 및 지배층이 과연 폐쇄적(귀속적)인가 아니면 개방적(성취적)인가에 대한 관심이 집중되었고, 한말·일제시대 및 해방 후에는 그것이 얼마나 지속성을 지니고 있으며 또한 어떻게 변모되어 가는 지에 관심이 집중되었다.

저자는 이러한 지배층의 문제를 그들의 사회적 배경을 분석하여 주로 탐구하였다. 사회적 배경의 분석은 조선시대의 경우 주로 방목과 족보의 분석을 통하여 접근하였고, 한말·일제시의 경우 그들의 이력서, 그리고 해방후의 경우 주로 권력지배층의 이력서 등을 분석하여 고찰하였다.

한편, 조선 후기와 한말의 신분을 연구하기 위하여 당시의 호적대장(장적)을 주로 분석하였고, 일제시와 해방후 계급분석을 위하여 주로 당시의 국세조사 또는 인구주택총조사보고서를 재분석하였다. 이와 같이 신분 및 계급을 분석하기 위하여 저자는 신분 및 계급의 분석틀을 만들어 조사하였고, 또한 권력지배층의 사회적 성격을 파악하기 위하여 그들의 사회적 배경, 특히 출신성분을 조사 · 분석하였다.

저자는 지난 50년간 행한, 우리나라의 신분, 계급 및 지배층에 관한 연구결과를 중심으로 조선시대와 일제시 및 해방후의 신분 계급사를 실증적으로 재구성 하였다.

조선시대의 신분과 지배층에 관한 연구는 주로 방목과 호적 및 족보 등을 분석하여 선구적인 연구업적을 발표하였고, 일제시 및 해방후 계급 및 지배층에 관한 연구는 인구주택총조사보고서와 이력서 등을 분석하여 그 변화와 성격을 규명하였다.

그러한 결과, 조선시대 이래 신분, 계급, 지배층의 변동은 사회적 세습성을 지니고, 또한 정권교체기에 권력지배층이 대두되고 있으나, 사회적 역할 분화와 신분 및 계급갈등으로 꾸준히 중간계층이 성장하여 새로운 권력지배층을 형성하였다.

조선왕조는 문과출신 음자제들이 주요 권력지배층이 되어 있으나 말기에 무관, 중인(역관) 출신이 새로운 관료지배층(당상관)이 되었고(약 15%) 이들이 한말 · 일제시 조선 귀족과 고등관이 되었으며, 또한 일제시 신제교육과 문관시험 합격자가 식민지 한인 지배층을 형성하였다. 해방후에도 이들의 자손들 뿐만 아니라 새로운 사회적 역할과 제도(선거, 군사, 기업, 대학 등)로 육성된 중산층 출신 권력지배층이 점차 전통적인 권력지배층을 대체하였다.

1960년대 경제개발정책은 자영농민 등 구중산층을 몰락시키고 자본가계급과 노동자계급, 그리고 신중산층을 대량으로 형성하였지만, 90년대 이전에는 계급양극화 시대였으나 그 이후는 계급내 양극화와 동시에 중산층사회가 진행되고 있다. 이에 따라 신중산층이 권력지배층의 충원 기반이 되었다.

저자의 이러한 연구의 분석틀이나 그 결과에 대하여 비록 우회적이긴 하지만 조선시대가 마치 개방적인 사회였던 것처럼 비판하는 견해도 있고, 또한 신분직역에 대한 오해와 신분변동의 통계적 분석을 매도하는 것을 볼 수 있었는데, 이에 대한 비판을 하지 않을 수 없었다.

한편, 저자가 발표한 해방후 권력지배층의 형성과 이동에 대한 연구에 대하여서는 비판적 견해가 거의 없으나 대기업자본가(소위 재벌)의 출신배경의 폐쇄설(지주부농설)에 대하여 개방설(자주성가설)을 주장하는 견해가 있어서 이에 대한 시비를 논의한 적이 있다.

이와 같이 조선시대 이래 신분, 계급, 지배층의 변동에 있어서 비록 폐쇄성을 지니고, 또한 정권교체기에 새로운 권력지배층이 대두되고 있으나 사회의 역할분화와 신분 및 계급갈등으로 꾸준히 새로운 중간계층이 성장하여 새로운 권력지배층이 되어 가고 있음을 발견할 수 있었다.

출처 ; 「조선·한국신분계급사」 머리말, 고헌 출판부 (2013. 9)

III. 복지사회학

1) 사회복지학

사회복지학이란 무엇인가?

우리 나라에 사회복지라는 개념이 도입된 지 얼마 되지 않았다. 그 동안 사회사업, 구호사업, 자원봉사, 사회봉사, 공공정책, 사회정책, 사회복지서비스 등, 이러한 개념은 널리 사용되었지만, 이것과 사회복지와의 관계성에 대하여 제대로 밝혀진 적이 없었고 오히려 각각의 개념과 사회복지를 동일시하는 경향이 있었다.

우리 나라 대학에서 사회복지학과가 설립된 것이 1976년 이후이다. 그 전에는 사회사업학과였다. 그리하여 아직도 사회복지의 개념을 사회복지서비스 또는 사회사업, 특히 전문사회사업과 동일시 하려는 경향이 있다. 이것은 아주 잘 못된 것이다.

1970년 말 까지만 하여도 사회사업의 실제는 구호사업 중심이었고 정부의 복지정책은 주로 복지 5법에 명시된 요보호자에 대한 시설보호사업이 그 특징이었다. 이러한 현실적 조건을 무시하고 대학에서는 전문사회사업이론을 강의하여 왔다해도 과언이 아니다. 이 얼마나 교육적 낭비인가?

이러한 현실적 문제를 해결하기 위한 노력이 1970년대 들어와서 정부와 일부 교수들에 의하여 이루어졌다. 특히 교수들의 정책자문과 사회복지정책의 확대로 말미암아 대학교육에 새로운 분위기가 조성되었다. 이제는 모두들 우리 나라에 알맞는 사회복지 이론과 정책을 개발하여야 되고 이것에 기초한 전문성을 제고하고 있다.

저자가 사회복지에 관심을 가지고 교육한 지도 벌써 30여년이 되었다. 60년대 초부터 우리 나라 사회사업 및 사회복지에 대하여 매우 비판적인 글을 많이 썼다. 그 뿐만 아니라 사회사업 및 사회복지가 학문 뿐만 아니라 실천이론으로서의 과학적 지위를 부여받기 위한 노력을 경주하여 왔다.

저자는 그러한 노력을 경주하면서 이제는 사회복지에 대한 체계적인 이론 구성과 그 문제점 및 방향을 제시할 필요성을 절실히 느꼈다. 그리하여 「사회복지학」이라는 개론서를 집필하기로 하였다. 이 개론서를 집필하면서 놀라운 것은 이제는 우리도 사회복지개론을 구성할 만한 사회복지의 실제와 그것에 대한 자료가 풍부하구나 하는 생각이 들었다. 그러한 발전도 사회복지정책, 특히 사회보장의 영역이고 사회사업의 이론과 실제는 너무 소홀히 되어 있다는 것을 느꼈다. 또한 사회사업의 영역에서도 다른 나라에 비하여 우리 나라에 발달되어 있는 자조사업(구호사업)과 시설보호사업에 대하여 너무 무관심 하다는 것을 알게 되었다. 이것은 최근 국가 정책화 되어 가고 있다. 그리하여 이것을 체계화하는 작업도 시도하여 보았다.

우리 나라의 사회복지가 비록 선진 국가의 경험을 많이 도입하여 발달되고 있지만 이것이 우리 나라의 현실에 맞지 않아서 많은 문제, 특히 사회복지의 기본 원리인 상호부조와 기회균등 및 재분배 효과를 나타내지 못하고 오히려 불평등과 역진성을 조성하고 있다. 그리하여 선진국의 이론과 제도에 대한 비판적 수용, 그리고 창의적인 제도와 프로그램 및 서비스를 개발할 필요성이 있다.

이러한 노력을 통하여 비로소 우리 사회에 알맞는 자주적인 사회복지 및 사회복지학을 모색할 수 있다. 저자는 이러한 시각에서 이번에「사회복지학」을 집필하였으나 여러 가지 미비한 점이 많으리라고 생각한다.

출처 ;「사회복지학」초판 머리말, 한복연 출판부 (1993. 3. 1)

———— ○ ————

IMF 사태로 빈부격차가 심화되다.

지난 해 IMF 사태로 온 국민은 경제위기의 시름에 잠겨 있다. 이 경제위기를 이겨내기 위하여 100조원 이상의 국민부담이 가중되었고 '금모으기 운동'을 전개하였지만 이 위기상황에서도 선진독점자본가와 있는 자는 부를 축적하는, 소위 사회불평등이 심화되고 있다.

최근 정부는 IMF와의 합의서에 따라 소위 경쟁력 강화를 위한 구조조정 등을 실천하여 약 2백만 명의 실업자를 양산하였다. 이를 구제하기 위하여 약 10조원을 투입하였으나 그 실효성이 의문시 되고 있다. 실업보험(소위 고용보험)을 일찍 실시하였으면 이러한 일이 없었을 것이다. 다행히 의료보험이 통합되었고 자영자 연금의 확대, 기초생활보장법과 사회복지공동모금법 등이 제정되었으나 아직도 그러한 제도의 내용이 부실하고, 심지어 복지이론에 역행하는 경우를 많이 볼 수 있다. 그간 우리 나라의 복지교육과 사회행동이 대단히 미흡하였다는 것을 알 수 있다.

한편, 최근 IMF 사태를 빌미로 복지연기나 후퇴를 주장하는 기득권자들의 이기주의적 반동이 일어나고 있는 것을 보면 매우 한심한 생각이 든다.

지금까지 주장되어 온 경제성장론자들의 '파이론'이 최근 IMF 사태로 무색하게 되었다. 오히려 빈부 격차와 국가재정 위기를 초래하였다. 이것은 경제성장이 복지를 약속해 주는 것은 아니고, 오히려 반복지(불평등과 낭비)와 국가재정 위기를 조성할 뿐이라는 것을 가르쳐 주었다. 최근 IMF 사태로 이전 정부 부채 규모가 국내 총생산(GDP)의 5% 미만이었으나 올 연말에는 45%(약 200조원)를 초과할 것이라고 한다. 이 많은 빚을 우리는 차세대에 넘겨주게 되었다. 참으로 서글픈 일이다.

이러한 경제 위기를 대처하기 위한 노력은 사회복지제도에서 찾아 볼 수 있다. 고용보험 뿐만 아니라 연금, 의료보험 등 건실한 사회보장제도가 확립되어 있으면 지난번 외환위기, 경제위기는 쉽게 극복 할 수 있는 것이다.

최근 많은 사회복지 관련 법령이 제정 또는 개정되었고 정부의 정책도 많은 변화가 일어났다. 이러한 변화에 따른 새로운 자료를 보완할 필요성이 있어서「사회복지학」의 개정작업을 하였다. 또한 본서를 애용하는 독자들로 부터 그것을 요청하는 내용들이 있어서 보완하였다. 특히 일본의 복지제도를 추가하였고 사회복지의 방법 Ⅱ(사회복지서비스)를 전통적인 분류방식에 따라 사회복지의 분야로 변경하고 그 내용은 보완하였으며, 또한 사회복지의 이론과 이념에서도 최근의 동향을 보완하였다. 통합방법론, 소위 사회복지실천론은 전문 수정하였다.

출처 ; 「사회복지학」 1차 개정판 머리말, 고헌 출판부 (1999. 2. 20)

○

정부가 생산적 복지를 주장하다.

최근 정부는 생산적 복지를 민주주의, 시장경제와 함께 3대 국정지표로 설정하고 있다. 생산적 복지의 개념과 전략에 대하여 다양한 견해가 피력되고 있으나 김대통령은 ① 최저 수준의 사회보장프로그램, ② 인적 자원개발, ③ 생활의 질 향상을 말하고, 이에 대한 광범위한 전략을 주장하고 있다. 매우 포괄적인 사회복지의 개념이다.

정부는 최저 수준을 보장하기 위한 사회보장 프로그램으로 국민기초생활보장, 의료보험 통합, 사회보험의 확대를 기하였으나 아직도 그 효과는 불투명하다. 최근 복지부에서 민간 의료보험을 실시하겠다는 발언을 스스로 하는 것을 보면 신자유주의 세계화 기구의 입김이 크게 작용하고 있는 것 같다. 복지부가 영리를 목적으로 한 민간보험을 주장할 부처가 아니다.

한편, 사회복지 실제에 있어서도 최근 커다란 변화가 일어나고 있다. 과거 전통적인 시설보호사업 보다도 시설이용사업(사회복지관, 주간보호소 등)과 재가복지사업이 매우 발달하여 있고, 이것을 자원봉사자 등 비전문인력에 크게 의존하고 있다. 더욱이 종사자들은 사회복지의 전문적 개념과 방법에 대한 이해가 매우 부족하다는 것을 알게 되었다. 잘못된 개념과 방법 및 이론이 곧 다가올 사회복지사의 자격고시와 부실한 대학교육에 의하여 더욱 악화되지 않을까 걱정된다. 장차 학문을 위한 대학교육이 아니라 자격고시를 대비한 학원교육으로 전락될까 우려된다.

출처 ; 「사회복지학」 2차 개정판 머리말, 고헌 출판부 (2001. 10. 1)

――――― ○ ―――――

시장개방으로 사회문제가 심해지다.

사회복지는 이론과 실천으로 구성되어 있다. 사회복지의 이론과 실천의 원리를 탐구하는 것이 사회복지학이다. 이러한 사회복지학의 기본원리는 사회변화와 정권의 교체에 따라 많이 변화된다.

지난 5년간 사회복지이론은 거의 변화가 없으나 특히 IMF 이후의 복지환경과 복지실천은 많이 변화되었다. IMF 이후 자본시장이 개방되어 우리나라 상장 주식의 4할 이상(대기업은 6할 이상)이 외국인의 수준에 넘어갔고, 최근 자유무역협정(FTA)으로 소비

시장을 스스로 개방하고 있다. 이렇게 되면 우리나라 경제는 쉽게 선진국에 예속화, 식민지화 되고 이것이 정치, 사회, 복지, 문화 등에 큰 영향(즉, 양극화 등)을 미친다. 최근 론 스타(Loan Star)와 외환은행의 매각사건에서 보듯이 매판관료들이 득세하고 빈곤, 실업, 비정규직, 불평등이 심화된다.

정부는 최근 긴급복지제도, 퇴직연금, 노인수발보험 등을 도입하였다. 그리고 아직도 논쟁중인 국민연금, 실질적으로 분립된 건강보험 등이 정부의 보수성과 정치인의 무지로 사회보험제도가 개악될 가능성이 크다.

이러한 변화는 사회복지의 운영주체와 실천방법을 크게 변화시켰기 때문에 '사회복지학'을 거의 전면 개정하지 않을 수 없었다. 이번에 신설된 내용은 긴급복지제도, 퇴직연금제도, 노인수발보험제도 등이고, 마지막 장은 새로운 복지패러다임으로 전문 교체되었으며, 사회복지 전 영역에 있어서 통계수치는 최근 자료로 모두 대치하였다.

출처 ; 「사회복지학」 3차 개정판 머리말, 고헌 출판부 (2006. 4. 15)

전문적 제국주의에서 벗어나자.

우리는 런던대학교 정치경제학부 교수인 James Midgley가 쓴 「제 3세계와 사회사업 - 전문적 제국주의」(Human Educational Books Ltd, London, 1981)를 번역·간행하기로 하였다. 원서는 부제가 제목이 되었으니 역서의 책명에서는 그것을 바꾸기로 하였다.

이 책은 제 3세계에 있어서 서구적 사회사업의 도입이 문화적 배경과 빈곤과 박탈이 먼저 해결되어야 할 후진국가에서는 맞지는 않다는 것을 다루었다. Midgley는 사회사업에 있어서 전문적 제국주의가 서구 산업사회의 부적절한 사상, 제도 및 기술을 채용함으로서 어떻게 서구에 의존되어 왔는가를 사회사업의 예에서 찾아보고 있다. 그는 서구, 특히 미국의 사회사업이론과 방법이 전후 후진국가에 어떻게 수출되었고 사회사업교육과 실제에 대하여 그들의 영향이 어떠한가를 검토하였다.

그리하여 이 책은 서구의 사회사업 뿐만 아니라 후진국가의 사회사업을 이해하고 후진국가의 사회사업가가 직면한 문제를 해결하는데 주요한 지침이 되며 나아가 개발(development)또는 저개발(under-development)에 관심을 지닌 사회과학도에게 큰 길잡이가 될 것 같다.

사회사업은 비록 19세기 말 서구산업국가에서 시작되었지만 사회문제의 개선과 상부상조적인 역할은 고대사회에서 부터 찾아볼 수 있다. 이러한 사회사업이 미국과 다른 나라에 전파되면서 그 개념이 많이 변화되었다.

오늘날 학계에서 널리 사용되고 있는 사회사업의 개념은 미국식 개념이라고 지적할 수 있고, 이것은 주로 심리적 모델이라고 할 수 있다. 그러나 해방이전에는 우리나라에서도 구호사업과 같이 주로 물질적 원조라 할 수 있는 전통적 모델, 또는 사회적 모델이 지배적이었던 것이다. 사회사업의 이론은 이러한 전통적·심리적·사회적 모델 이외에도 급진적 모델이 있다.[18] 최근 서구식 사회사업이론에 대한 비판은 주로 급진적 모델에서 세차게 일어나고 있다. 그럼에도 불구하고 우리나라 사회사업대학교육은 주로 미국의 전문적 사회사업, 즉 심리적 모델에 따르고 있고, 사회사업의 실제는 오히려 전통적 모델이라고 볼 수 있다. 그리하여 우리나라 사회사업교육이 사회사업 실제와 현실적 거리가 대단히 먼 것이다. 이것이 우리가 해결하여야 할 주요한 과제라고 지적할 수 있다.

이러한 사회사업의 현실적 과제는 우리만이 지니고 있는 문제가 아니라는 것을 Midgley가 쓴 「제 3세계의 사회사업 - 전문적 제국주의」라는 책을 읽으면서 실감할 수 있었다. 그는 아프리카의 사회개발을 위한 사회사업과 그 교육의 문제에서 서구식 사회사업교육의 문화적 제국주의 속성을 적나라하게 파헤치고 있다. 이러한 문제는 비록 아프리카에서만 볼 수 있는 것이 아니라 아시아·남미 등에서도 발견할 수 있고, 심지어 우리나라에서도 발견할 수 있는 것이 아닌가 생각한다.

---

18) 김영모, 현대사회사업의 동향과 그 비판, 「사회복지연구」 제 15집, 1981

이러한 전문적 사회사업 즉 심리적 모델은 구미에서도 많은 비판을 받고 있다. 영국에서는 'Case Con' 이라는 급진적 사회사업가 협회가 조직되고 미국의 남부에서도 이러한 운동이 강력하다. 이러한 상황에서 우리나라 사회사업의 나아갈 길에 대하여 암시하여 주고 공감되는 점이 많아서 이 책을 번역하기로 하였다.

오늘날 우리나라 사회사업학계에서도 특히 젊은 학도를 중심으로 하여 기존의 사회사업 학풍에 실망하여 사회정책 학풍에 관심을 갖고 몰려드는 경향이 있다. 이러한 경향이 나쁜 것은 아니지만 우리가 자유주의 사회에 살고 있다면 자주성을 중요시 하는 한국형의 자생적 사회사업의 이론이나 모델이 개발되어야 할 것 같다. 이젠 모방의 시대는 지났다. 우리의 토양에 알맞은 창조적 이론의 개발이 요구된다.

Midgley가 지적한 바와 같이 전문적 제국주의는 사회사업에서뿐만 아니라 의학·법학·경제학·교육 등의 다른 전문분야에서도 찾아볼 수 있고, 이러한 분야에서 놀라울 정도의 서구에서의 의존성을 지니고 있는 것이 오늘날의 실상이다. 근대화가 반드시 서구화가 아니라는 것을 인식하고, 그러한 의존성을 탈피하고자 하는 노력이 우리에게 절실히 요구된다.

출처 ; 복지연구회 역, 「제 3세계와 사회사업 - 전문적 제국주의」 머리말, 한국복지정책연구소 출판부 (1984. 05)

한국 사회복지는 자주성이 있는가?

사회복지는 인간의 행복을 추구하기 위한 사회적 노력이다. 인간의 행복은 무엇보다도 평등한 사회적 조건에서 찾아 볼 수 있다. 그러나 사회는 원래 불평등한 것이고 보수적이기 때문에 이것을 지양하기 위한 노력은 대단히 어려운 것이다.

이러한 노력의 일차적 관심의 대상은 무엇보다도 불행한 자에게 있고 이들을 돕기 위한 동기는 인도주의(humanism)에 있는 것이다. 만약 인도주의가 없는 사회라 한다면 그 곳에는 인간의 행복도 사회복지도 찾아 보기 어려울 것이고 오로지 폭력만이 존대할 것이다.

저자는 평소에 사회복지에 관심을 가지면서 우리가 직면한 사회복지의 가장 중요한 과제는 사회복지의 자주성과 전문성의 결여라는 것을 알게 되었다. 이것을 회복하기 위한 노력이 우리나라의 사회복지계에서는 1970년대에 들어와서 비로소 일어나기 시작하였고 저자도 그러한 필요성을 기회가 있을 때 적극 주장하였다.

출처 ; 「사회복지의 자주적 모색」 머리말, 평민사 (1978.10)

자주적 사회복지를 전개하자.

저자는 지난 40여년간 사회복지, 사회사업, 사회정책 뿐만 아니라 그 이론을 사회복지의 개념으로 통합시켜서 우리나라 현실에 맞는, 자주적 사회복지론을 주장하여 왔다. 해방이후 오늘날까지 이러한 실천 학문이 이론과 실제가 괴리되어 있다. 사회사업은 대학에서 미국식 전문사회사업을 가르켰고 현장은 물질적 지원의 구호사업이 지배하였다. 또한 사회정책은 대학에서 독일식 노동정책을 가르쳤고, 현장은 노동 3권이 유보되었으며 모든 국민은 사회보장정책에서 소외되어 있었다..

이러한 괴리현상은 선진국가에 유학한 교수들 중심으로 학문의 모방에서 비롯되었다. 따라서 문화적 제국주의에 젖어 있었다.

선진국가의 이론이나 학문이 모두 나쁘다는 것은 아니다. 특히 사회복지분야에 있어서 미국과 일본의 학문적 영향으로 사회복지, 사회사업, 사회정책을 탈이념적 시각에서 이해하거나 그러한 나라의 사회복지제도를 수용함으로서 불평등과 빈곤을 심화시키는 경우가 많이 있었다. 그러나 저자는 이러한 대세론에 정면 도전하여 자주적 사회복지론을 주장하였다.

오늘날 우리나라 사회복지이론이나 사회복지제도는 과거에 비교하면 많이 발전하였으나 아직도 지난날의 경제성장 등에 비하면 대단히 낙후되어 있다고 본다. 사회복지정책의 경우 많이 발전하였으나 사회사업의 경우 그렇지 못한 것 같다. 이러한 현상은 사회복지에 종사하는 교수와 종사자들의 창의적 노력이 부족하였기 때문이다. 창의적이고 개혁적인 노력은 비판의식에서 나온다. 비판의식이 없으면 훌륭한 학자(교수)나 전문가(종사자)가 되기 어렵다.

최근 저자가 발표한 사회복지이론과 사회복지정책에 관한 논문들을 모아 「자주적 사회복지론」을 발간하기로 하였다. 특히 최근 우리나라 사회복지관련 개론서들이 남의 것을 무단 전재하거나 표절하는 경우가 많다고 하여 이것을 분석, 평가하였고, 나아가 사회복지학의 이론적 정체성을 밝히려고 하였다.

먼저 사회복지의 개념을 보면, 초기 사회사업의 개념에서 사회정책의 개념을 추가하여 학문적 체계를 재구성하려는 노력이 김영모 교수(중앙대)[19]의 저서들에서 시작되어 그 후학들에 의하여 일반화 되고 있다.

다른 한편으로 사회복지의 개념을 미국식 전문사회사업의 개념으로 소개하다가 마침내 사회보장의 개념을 추가한 장인협 교수(서울대)의 저서[20]와 그 후학들에서 찾아 볼 수 있다. 비록 사회복지의 개념으로서 사회정책의 개념을 추가하려고 하지만 이것은 사회사업(직접적 지원)의 간접적 지원체계로 인식하고 있다.

출처 ; 「자주적 사회복지론」 머리말, 한복연 출판부 (2003. 9. 15)

---

19) 김영모, 「한국사회복지론」, 법문사/경문사, 1973.
김영모, 남세진, 신섭중 편, 「현대사회복지론」, 한국복지정책연구소 출판부, 1982.
김영모, 「사회복지학」, 한국복지정책연구소 출판부, 1991.
김영모, 「사회복지학」, 고헌 출판부, 1999.

20) 장인협, 「사회복지개론」, 한국사회개발연구원, 1981.
장인협, 「사회복지학개론」, 서울대학교 출판부, 1996.
장인협, 이혜경, 오정수, 「사회복지학」, 서울대학교 출판부, 2002.

한국 사회복지의 특색은 무엇인가?

오늘날 사회복지에 대한 개념이 대단히 혼란을 빚고 있는 것 같다. 학계에서는 주로 사회사업을, 그리고 관계에서는 건설사업까지 포괄하여 사회복지라고 한다. 그러나 사회복지는 사회문제를 예방 및 치료하는 방법인 동시에 분야로 보아야 하겠다. 사회문제도 전문사회사업에서는 일탈행위에 주요한 관심을 가지고 있으나 후진국가의 사회문제는 구조적 결함이 보다 큰 비중을 차지한다. 따라서, 이것을 해결하기 위한 전문적 정책적 방법을 사회복지의 개념으로 보는 것이 타당하리라 생각한다.

우리 나라의 사회복지는 개념상 혼란을 빚고 있을 뿐만 아니라 아직도 학계와 실제, 제도와 현실 간의 괴리현상까지 찾아 볼 수 있다. 특히, 대학은 일반적으로 미국사회사업대학원의 전문교육을 실시하고 있으며, 실제는 구호사업과 구호행정이 사회복지의 중심이 되어 있다.

그 뿐만 아니라, 경제개발로 사회복지를 백안시하는 경향이 있으며, 사회복지는 지나치게 소비적 치료적 성격을 지니고 있다. 주지하는 바와 같이, 사회복지도 생산적 예방적 성격을 가지고 있고, 이것은 경제개발과의 보완적 관계에 있으며, 경제개발의 궁극적 목적도 사회복지의 추구에 있는 것이다.

오늘날 사회복지가 이러한 관점으로 인식되고 있는 것은 학계와 실무계의 책임이라고 생각한다. 학문의 사회적 수요에 부응하지 못하였고, 실무계는 사회복지의 프로그램을 발전시키지 못한 결과라고 생각한다.

사회문제는 사회변화와 더불어 변화하고, 따라서 사회복지의 프로그램도 변화하여야 한다. 그러나 불행히도 6·25전란으로 시작된 사회복지의 프로그램이 오늘날에도 거의 그대로 존속되어 있다는 것은 한심스러운 일이라 하지 않을 수 없다. 그러므로, 학계와 실무계는 구호사업과 구호행정을 생산적 예방적 사회복지사업으로 발전시킬 노력이 필요하고, 주체적인 사회복지를 과학적으로 모색하여야 하겠다.

저자는 이러한 관점에서 사회복지에 관심을 가져본지도 10년이 되었다. 그간 강의와 학술지, 세미나 등에서 발표하였던 글을 모아서 아쉬운 교재를 만들기로 하였다. 아직도 우리나라의 사회복지가 발달하지 못하였기 때문에 책의 앞 부분은 일반이론에 관한 것이고, 나머지는 우리나라의 사회복지에 관한 것이다.

사회복지는 사회변화와 사회문제의 성격에 따라 달라질 수 있고, 인간의 창의와 노력에 의해서 얼마든지 발전할 수 있다. 그러므로, 사회와 정부 그리고 인간의 의사와 노력에 의하여 복지사회, 나아가 복지국가를 스스로 건설할 수 있는 것이다.

출처 ; 「한국사회복지론」 머리말, 법문사/경문사 (1972 / 1973)

우리나라 사회복지의 문제점은 무엇인가?

최근 우리나라에 사회복지라는 말이 널리 애용되고 있다. 1980년대에 들어와서 정부가 복지사회의 건설을 국정지표로 내 세웠고, 또 대학에 사회복지학과가 그 전에 비하여 많이 생겼기 때문이다. 그러한 것에 비하면 사회복지정책과 실제 서비스가 그 만큼 발전되지 못하고 있는 실정이다. 특히 이것을 발전시키거나 기존의 복지이론과 정책 등에 대하여 어떠한 문제점이 있는 가를 제대로 밝히지 못하고 있다. 그 만큼 사회복지에 대한 관심을 지닌 전문가가 적다는 뜻도 되지만 아직도 서구의 이론을 소개하는 수준을 넘지 못하고 있음을 의미한다.

한편, 사회복지에 대한 인식도 종래의 자선적 · 구호적 · 구빈적 성격에 벗어나지 못하고 있다. 오늘날 서구에서는 사회복지가 국민의 기본권 즉 시민권으로 인식되고 사회복지제도가 현대 국민국가 형성의 기본이 되어 있다는 것을 위정자들은 모르고 있는 것 같다. 서구에서 볼 수 있는 것처럼 복지권과 복지정책이 발달하지 못하였더라면 마르크스가 예언한 대로 오늘날 자본주의체제는 몰락하였을지도 모른다. 그럼에도 불구하고 우리나라에는 복지 이야기가 나오면 '복지망국론'이 자주 나오고 있는데 참으로 우스운 일이다. 그러한 주장은 우리가 아직도 서구식 복지제도를 시작하지도 않았고, 또 서구는 복지국가가 되었기 때문에 몰락하지 않았다는 것을 모르고 있는 것 같다.

사실 우리의 사회도 서구사회처럼 닮아져 가고 종래에 복지기능을 수행한 사회제도가 해체되어 가며 공업화, 도시화, 개인주의화와 같은 사회변화로 빈곤, 범죄, 불평등과 같은 사회문제가 급증하고 있는 데 이것을 누가 해결하여 줄 것인가? 그것을 불가피하게 사회와 국가가 입법과 정책을 통하여 해결하여 주어야 할 것이 아닌가? 우리가 주장하는 것은 당장 서구 복지국가의 복지수준을 요구하는 것도 아니고 우리의 현실적 조건에 맞는 최저수준의 국민복지를 주장하는 것이다. 왜냐하면 그러한 요구와 문제가 개인적 결함에 의해서 생긴 것보다도 오히려 자본주의의 모순과 국가정책의 빈곤에서 나왔기 때문이다.

저자가 우리나라의 사회복지에 관심을 갖고서 그 간 학술지와 세미나 및 강의 등을 통하여 나름대로 사회복지에 관한 사회적 발언을 많이 행하였다. 1960년대와 1970년대에 행하였던 것은 부분적으로 책으로 발표되었으나[21] 1980년대에 행하였던 것을 모아서 이번에 발간하기로 하였다. 사실 사회복지는 현실적 문제와 직결되어 있기 때문에 시대에 따라서 그 문제는 항상 변한다.

출처 ; 「한국사회복지의 제 문제」 머리말, 한복연 출판부, (1986.. 8)

---

21) 「사회복지의 자주적 모색」, 평민사, 1978
「한국사회복지론」, 경문사, 1974

사회복지전달체계와 사회복지사가 왜 필요한가?

최근 경제성장과 더불어 국민의 복지욕구가 증대되어가고 정부도 국민복지를 위한 노력을 경주하고 있다. 그러한 노력에 비하여 사회복지사업의 효과가 제대로 나타나고 있는지에 대한 의문이 심각히 제기되고 있다. 그러한 의문은 최근 말썽이된 형제복지원사건, 즉 부랑인보호사업을 비롯하여 영세민 생활보호사업, 아동보호사업 등에서 많이 찾아 볼 수 있다. 이러한 사회복지사업에 정부가 해마다 약 3,200억원을 투입하고 있으나 그러한 사업의 실효성이 문제가 되는 것은 무엇보다 사회복지 전달체계가 확립되어 있지 못하고 또 그 곳에 종사하는 전문가가 거의 없기 때문에 초래된 것이라고 볼 수 있다.

우리가 볼 때 현행 사회복지사업의 가장 중요한 과제는 다음과 같다.

(1) 사회복지사업의 대상자는 복지 6법에 명시된 요보호자인데 이들의 다수가 무자격자라는 것이다. 예컨데 생활보호 대상자의 약 40%가 비적격자이고, 시설아동의 80%이상이 고아가 아니며 다른 시설수용자의 경우도 무자격자가 많다. 이와 같이 무자격자가 많은 것은 이들을 비전문가가 주로 선정하기 때문이다.

(2) 사회복지사업의 대상자는 전문기관(행정기관)에 의하여 상담·분류 및 보호조치 되어야 하는데 그렇지 못하다. 요보호자인 영세민, 노인, 장애자, 모자, 부랑인을 전문적으로 조치할 수 있는

전문기관이 없으며 비록 부녀아동 상담소가 시·도에 설립되어 있으나 유명무실하다. 따라서 기존의 상담기관이 제 기능을 발휘하도록 활성화 시켜야 되겠고 그것이 없는 경우 설치하여야 한다.

(3) 사회복지시설서비스의 내용이 요구에 따른 서비스, 즉 신청주의에 따르지 않고 (특히 생활보호사업의 경우) 시설보호의 경우도 단순 수용보호에 불과하다. 이들을 재활·자립시킬 수 있는 전문가의 개입이 절실히 요구된다.

(4) 사회복지사업은 생활보호사업을 제외하면 사회복지법인이 주로 운영 관리하는데 지역사회의 자원을 효과적으로 활용하지 못하고 있다. 이러한 자원을 효과적으로 활용하고 지역사회에 필요한 프로그램을 개발하도록 지도하는 전문요원이 필요하다.

(5) 사회복지사업법에 명시된 복지 5법과 11개의 사업을 통합적으로 관리운영하는 사회복지전달체계(예컨데, 사회복지사무소)의 확립이 요구되고 나아가 사회보험 및 사회복지 관련부문(교정사업, 사회교육, 원호사업, 직업알선 등)의 사업을 동시에 수행할 수 있는 사회복지전달체계가 모색이 되어야 한다. (예컨데, 사회보장청)

(6) 우리 나라 사회복지사업에 종사하는 사회복지 종사자는 행정기관에 약 2만명(별정직 포함)명이 있고 민간기관에 약 8,500명이 있다. 행정기관 종사자의 상당수는 별정직 공무원이기 때문에 이들의 지위와 대우에 있어서 불만이 크다. 따라서 이들의 사명감과 사기를 진작시키기 위하여 일반직화 시키고, 특히 전문직화 시킬 필요성이 있다. 그렇게 하기 위하여서는 행정직렬에 사회복지직을 추가시켜야 한다. 행정직에 있어서 사회복지직렬의 설치

는 행정의 전문화에 기여할 수 있고 현행 5급 행정고시의 사회직과 연계시킬 수 있다.

(7) 사회복지행정직에 종사하는 별정직 공무원을 일반직화 시킴으로서 수반되는 행정비용은 현재 인건비의 약 3할이 더 소요된다.

(8) 사회복지사업을 효율적으로 관리운영하고 전문화시키는데 필요한 인력은 현재 전국적으로 약 7,500명이 적어도 필요하고 이에 필요한 인력은 매년 전국적으로 배출되고 있는 1,000여명의 1급 사회복지사를 활용하면 될 것이다.

(9) 사회복지사업에 종사하는 행정공무원(별정직)은 해당업무지침에 의하여 행정업무를 수행하고 있는데 생활보호사업, 부녀복지사업을 제외한 다른 사업, 즉 아동복지, 노인복지, 장애자복지사업 등에는 업무지침이 마련되어 있지 못하다. 비록 업무지침이 있는 경우도 그 내용이 대단히 부실하며 그 전문성이 의심된다. 따라서 사회복지사업의 전문적 지침이 마련되어야 한다.[22)]

(10) 최근 지방자치단체는 말단 행정단위(읍·면·동)를 주민자치센터로 조직(시설)개편을 서두르고 있는데 이것을 지역, 노인, 장애인 등 복지관으로 전환시키는 등 사회복지전달체계로 개편하는 것이 바람직하다.

우리는 사회복지전달체계의 확립이 우리나라 사회복지의 발전

---

22) 이상의 내용을 보건사회부장관, 총무처장관, 내무부장관에게 건의하여 마침내 그 뜻을 이루었다.

을 위하여 가장 중요한 과제로 삼고 이것을 체계적으로 발전시키기 위한 노력을 지난 2년간 경주 하였다. 사회복지전달체계의 확립이 일차적으로 복지 5법과 11개의 사업에 절실히 요구되지만 그 밖에도 사회보험부문과 사회복지관련 부문에도 필요하다고 생각되어 모두 24개의 주제를 선정하여 회원들이 분담하여 연구하였다. 회원들의 연구결과를 1989년 4월 한국정신문화연구원에서 중간발표 및 토론회를 가졌고 1989년 2월 유성관광호텔에서 최종 연구결과의 발표 및 토론회를 가졌다. 그러한 연구 결과를 모은 것이 바로 '사회복지 전달체계와 사회복지사의 역할'이라는 책이다. 이 책은 사회복지사업의 전문화를 위한 지침이 되겠지만 무엇보다도 우리 나라 사회복지 분야에 종사하는 사회복지사의 역할이 무엇인지를 알 수 있는 좋은 길잡이가 될 것이다.

출처 ; 한국사회복지대학협의회 편,「사회복지 전달체계와 사회복지사의 역할」머리말, 한복연 출판부 (1989. 2)

인간행동은 사회환경의 지배를 받는가?

인간은 사회적 동물이라 한다. 이 말은 인간이 자연적 사회적 환경에서 성장하고 사회화 되며 동시에 사회적 상호작용을 행한다는 것이다. 사회화는 인간의 퍼스널리티와 가치관의 형성에 커다란 영향을 미치고 이것이 사회적 상호작용의 주요한 규범이 되고 역할의 동기가 된다.

그리하여 인간의 사회적 행동과 욕구를 해결하기 위하여 사회적 환경을 가용하고 이에 적응력을 키우는 사회사업 또는 사회복지실천에 있어서 그것을 이해하고 활용하여야 한다는 것은 매우 중요한 것이다. 그럼에도 불구하고 인간행동과 사회환경에 관한 교재나 연구서가 많지 않다. 이미 출간된 것도 거의 미국에서 간행된 특정한 관점에 의한 책을 편역한 것에 불과하다.

과거에는 「인간행동과 사회환경」이란 학과목 보다도 인간행동을 이해하기 위한 심리학, 그리고 사회환경을 이해하기 위한 사회학, 특히 사회심리학이 많이 활용되었다. 그러나 최근 「인간행동과 사회환경」이 사회복지 또는 사회사업실천을 위한 기초적 지식으로 체득할 필요성이 강조되어 주요한 교과목으로 설정되었다.

저자들은 이러한 필요성과 요구에 따라 「인간행동과 사회환경」을 집필하게 되었다. 저자들이 사회복지 또는 사회사업에 있어서 인간(행동)과 사회(환경)간의 관계는 상보성이 있다고 보았다.

과거 사회사업 또는 사회복지의 이론은 인간을 환경에 주로 적응시키는 것에 관심이 많았으나 오늘날 환경으로 하여금 인간에 적응시키는 것을 매우 강조하고 있다. 그리하여 우리는 인간행동을 사회환경에 적응시키는 것도 중요하지만 사회환경을 인간행동에 적응시키기 위한 사회복지실천의 개념으로 파악하려고 하였다.

먼저 사회복지실천에 있어서 이러한 상보성의 의미를 밝히고 그 다음에 인간의 발달과 행동, 그리고 사회환경의 이론과 특성을 밝히려고 하였다. 이러한 특성은 사실 이론적 이념적 관점에 따라 상이하게 이해되고 접근할 수 있기 때문에 거의 모든 주제를 이러한 관점에 따른 견해와 특성을 지적하였다. 그리고 인간행동과 사회환경에 대한 기존 이론이 대개 구미의 견해이기 때문에 우리나라의 경우 어떠한 차별성이 있고, 또 사회복지실천에 있어서 그것의 적용 가능성과 기존 이론 및 정책을 간략히 제시하여 보았다.

출처 ;「인간행동과 사회환경」 초판 머리말, 공저, 고헌 출판부 (2002)

2) 사회정책론

현대 사회정책은 복지정책이다.

최근 우리나라에 복지국가 또는 복지사회의 건설에 대한 열망이 대단히 높다. 그러나 복지국가와 복지사회에 대한 올바른 이해가 없이 자기 나름대로 그 개념을 규정하고 있는 것을 많이 볼 수 있다. 이에 대한 오해는 복지국가의 이념·이론 및 정책에 대한 올바른 입문서가 없어서 그러한 것이 아닌가 생각한다. 복지국가에 대한 올바른 이해는 무엇보다도 사회복지정책에 대한 올바른 이해에서 가능하다고 생각한다. 그럼에도 불구하고 사회정책에 대한 이해와 연구가 결여된 것은 이에 대한 오해에서 비롯된 것 같다. 사회정책이나 복지에 관한 학문이 위험한 것으로 생각하는 사람이 많기 때문에 더욱 그러하다. 사실 이러한 학문이 비록 개혁적 성격은 있지만 기존 체제를 유지·발전시키기 위한 것임을 모르는데서 나온 것 같다.

우리나라에 소개된 사회정책에 관한 입문서는 몇 권 발행되었다. 그것은 사회정책을 분배정책[23] 또는 노동정책[24] 또는 사회개발[25]로 보는 견해이고, 현대사회정책의 핵심이라고 볼 수 있는 사회복지정책을 사회정책으로 보는 견해는 거의 없었다.[26] 그리

---

23) 백창석, 「사회정책」, 박영사, 1958
24) 우기도, 「사회정책」, 일조각, 1960
25) 변시민, 「사회정책·사회개발」, 박영사, 1975
26) R.M. Titmuss, *Social Policy*, 김영모 역, 「사회정책개론」, 일조각, 1980

고 사회보장에 관한 책은 근년에 많이 나왔지만 이것은 사회정책의 주요한 한가지의 제도에 불과한 것이다.

이러한 것 때문에 저자는 대학에서 사회정책을 강의하면서 기존 사회정책의 학풍에 대하여 항상 불만스러웠다. 저자가 앞서 지적한 독·일식의 노동정책이나 분배정책을 사회정책의 주요한 영역으로서 부정하는 것이 아니라 영·미식의 사회복지정책이나 사회개발정책도 사회정책의 주요한 영역이 될 수 있음을 강조하려는데 있다. 물론 이러한 양 개념을 현대 사회정책의 개념으로 포괄하여야 됨은 말할 것도 없다.

한편, 사회정책이 일부 영·미 학자의 견해와 우리나라에 소개된 바와 같이 지나치게 제도 또는 기술과학으로 전락하여서는 안될 것이다. 또한 사회정책을 사회행정·사회봉사·사회보장·사회계획의 개념과 동일시 해서는 안될 것 같다. 어떠한 제도(기술·방법)를 이해하기 위하여서는 그것의 이념적·이론적 배경에 대한 이해가 앞서야 총체적인 파악이 가능하다. 그렇지 않으면 군두더기식의 정책이 형성되기 마련이다. 왜냐하면 정책이란 것은 변화와 결과를 지배하는 행동원리인 동시에 가치를 전제로 하기 때문이다. 따라서 사회정책은 인간관계와 사회구조의 의도적 변화, 즉 개혁을 노린 행동원리가 되어야 하고 효과적인 행동원리의 가치를 탐구하는 것이 주 목적이 되어야 한다.

이러한 요구를 이 책에서 모두 충족하여 주는 것은 아니지만

W.A. Robson, *Welfare State and Welfare Society*, 김영모 역, 「복지국가와 복지사회」, 경문사, 1979

저자는 기존 사회정책의 개념에서 탈피하여 현대적 사회정책의 개념과 이론을 재구성하여 보려고 시도하였다. 이러한 시도는 복지정책이라는 측면에서 파악하였다.

출처 ; 「현대사회정책론」 초판 머리말, 한복연 출판부, (1982. 2. 25)

——— ○ ———

현대 사회정책은 무엇인가?

저자가 「현대사회정책론」(1982년 간행)을 발행한지 18여년이 되었다. 당시만 하여도 사회정책에 관한 문헌이 거의 없었다. 사실 사회정책이 영국이나 일본 등에서도 이론(학문)으로서 논의된 시기는 30여년에 불과하였고 우리나라에 사회보험 프로그램이 시작된 것은 20여년에 불과하기 때문에 사회정책의 이론과 실제가 매우 빈약하지 않을 수 없었다.

그간 빈곤대책과 사회보장을 비롯한 사회정책이 발달하고 자본주의체제의 결함을 시정하기 위한 복지국가가 나타나면서 이에 대한 발전과 비판이 많이 제기되어 사회정책 분야와 관련된 문헌이 많이 발간되었다.

한편, 80년대 영·미의 신우파 즉 신자유주의와 IMF 등 선진독점자본주의의 세계화 정책은 소련 및 동구권의 사회주의 체제를 무너뜨리고 새로운 세계지배질서를 형성하여 왔다. 이러한 배경에서 각국 사회정책의 이념과 전략이 변화되고 심지어 후진국,

제 3세계 사회정책의 방향도 이들의 신자유주의 정책을 강요 받고 있다. 이와 같이 엄청난 사회변화 속에서 아직도 선진국 사회정책을 제대로 경험하지 못한 후진국, 한국 사회정책의 방향과 전략의 과제가 무엇인지를 알아야 할 것 같다.

이러한 것 이외에도 사회정책은 국가개입을 전제로 하기 때문에 이념·이론·전략과 같은 가치판단과 개입이 불가피하다. 이러한 것이 무장되어야 올바른, 자주적인 사회정책의 형성과 발달이 가능하다. 그럼에도 불구하고 최근 사회정책의 개념과 이론이 미국의 것을 그대로 수입하여 탈이념(가치)적인 정책기술론을 주로 소개하고 있는데 이것은 사회(복지)정책론이라기 보다는 오히려 공공 행정기술론이라 할 수 있다. 이와 같이 잘못된 개념과 이론을 체득하거나 편식을 하는 경우 체제옹호론의 입장이 서게 되고 개혁적 사고와 행동이 불가능하다. 따라서 사회정책이 발전하기 어렵다.

최근 개혁의 개념이 무조건 제도를 바꾸면 되는 것으로 인식하는 경우가 많은데 이것은 원래 자본주의 제도의 모순(결함)을 시정하기 위한 것에서 비롯되었다. 비록 사회주의체제의 변화도 개혁의 개념을 사용할 수 있겠지만, 자본주의 사회에 있어서 잘못된 방향(불평등화와 비민주화 등)의 변화는 개혁이 아니다.

저자는 이러한 변화 속에 올바른 사회정책이 개념과 내용을 재구성하기 위하여 기간된 「현대사회정책론」을 전면 개편, 증보 · 개정하기로 하였다. 사회정책을 하나의 이론으로 체계화하기 위하여 사회정책의 구성, 즉 주체·객체·기능·방법·영역·행정·재정·이념·이론 등을 중심으로 재조직하여 보았고, 또한 사회정책의 필요성과 선진국 및 세계화 사회정책을 다루어 보았다.

출처 ; 「사회정책」 전문개정판 머리말 , 한복연 출판부 (1999. 5. 8)

—————— ○ ——————

사회정책과 사회복지정책의 개념은 유사한가 ?

우리나라의 사회변화가 급속히 일어나고 있지만 이에 대응하기 위한 사회정책도 많이 변화되고 있다. 급속한 사회변화는 지속적인 저출산, 고령화, 맞벌이 등의 증가가 있지만, 지난 10여년 전 부터 시작된 지방자치와 민주화, 1997년 말 이후 IMF 사태로 신자유주의 세계화 정책이 이것을 가일층 촉진시켰다. 이로 인하여 대량의 실업화와 비정규직의 출현으로 빈부 격차가 심화 되었으며 사회보장의 재정위기 등이 나타나게 되었다. 이러한 것은 늦게 시작된, 부실한 사회보장정책의 내실화에 매우 어려운 시련을 주고 있다.

이러한 어려운 문제를 치유하기 위한 올바른 진단과 처방이 있어야 하는데 아직도 정책결정을 주도하는 행정관료들의 보수적인 처신과 정치권에의 영합으로 기존의 문제를 호도하고 있다.

사회정책은 정권이 바뀔 때마다 새로운 정책이 나타날 수 있는 것은 당연하다. 사회적으로나 국가적으로 필요한 정책을 먼저 개발해야 한다. 행정부처와 전문가들이 자기의 일꺼리를 확대시키는 것이 능사가 아니다.(예컨대 여성부의 보육 및 가족정책 이관) 과거의 잘못된 것은 고치고 새로운 것을 개발해야 한다. 그런데 과거의 것과 큰 차이가 없는 내용을 명칭만 바꾸는 짓을 하거나 (예컨대 DJ정권시 국민기초생활보장제도, MH정권시 예고된 긴급지원제도 등) 긴요하지 않는 정책을 입안하려는 것은 피해야 한다. (예컨대 복지사무소, 노인요양보험, 퇴직연금제 등) 그리고 건강보험이 통합되었는데 아직도 한 지붕아래 세집 살림을 차리고 있다. (관리운영이 분리되어 있고 단일한 보험료 부과체계도 개발되어 있지 않다.) 그저 하는 척만 하는 것이다. 사실 새로운 제도 개발도 중요하지만 기존의 불공평하고 낭비적인 제도(정책)를 개혁하는 것이 선결과제이다.

저자는 5년전 본 서의 전문개정판을 낸 후 많은 정책이 변화되어 이번에 사회정책 영역(7개 절), 특히 해당 정책의 현황과 과제를 전문 개정하고 보충하였다. 그리고 사회정책 영역의 통계자료를 최신 자료로 모두 대체하였다.

최근 간행된 사회정책 교과서는 '사회정책'이라는 책명을 사용하지 않고 '사회복지정책'이라고 하는데 이것은 미국식 개념이고, 또 사회복지사 국가시험(교과목) 때문인 것 같다.

사실 사회정책과 사회복지정책의 개념은 최근 매우 유사하지만 원래 후자는 미국식으로 사회복지서비스의 정책 결정과정과 평가에 관심이 많다. 그러나, 전자는 자본주의 제도의 결함으로 생긴 사회문제(빈곤, 실업, 질병, 범죄, 불평등, 노동자, 사회해체 등)를 해결하기 위한 것이다. 따라서 미국식 사회복지정책은 유럽식 사회정책의 개념과는 매우 다르다. 사회복지정책은 기술과학으로 전락되고 사회과학의 위상을 지니기 어렵다. 따라서 사회정책 또는 사회복지정책의 정체성 문제가 나타나게 된다.

출처 ; 「사회정책」 개정증보판 머리말, 한복연 출판부 (2005.. 5. 1)

―――― ○ ――――

복지정책은 시민권의 실현이다.

저자가 본서의 2차 개정증보판을 발행한지 벌써 7년이 지났다. 그간 많은 변화가 있었는데 가장 중요한 것은 최근 선거를 통하여 여·야 정치권이 신랄한 복지정책 논쟁이었다.

이러한 논쟁은 비록 지방선거(교육감)에서 야당의 무상급식론으로 촉발되었지만, 이것은 '선성장 후분배'의 경제개발론과 한국적 복지론에 대한 고질적 불만이 터져나온 결과이다. 그 후 여·야 정치권은 복지정책에 대한 체계적 관심을 갖게 되었고, 야당중심의 보편적 복지론(무상급식, 무상보육, 무상의료, 반값 등록금)이 정국을 주도하였다. 이에 대하여 여당과 정부, 심지어 보수언론은 일자리 창출과 경제활성화가 최선의 복지라고 하면서 보편적 복지론은 좌파의 복지포플리즘이고 복지망국론이라고 매도하였다. 그런데 이러한 복지논쟁이 가열화 된 것은 국민이 반세기 동안

'선성장 후분배'의 경제성장론을 주장하는 보수우파에 속아 왔기 때문이다.

한편, 이러한 복지논쟁이 더욱 가열된 것은 지난 총선(18대)과 대선(19대)에서 여·야가 모두 그간 사회양극화에 대한 대책으로서 '경제민주화'와 '보편적 복지'를 주장하였다. 그리하여 대선에서 복지국가 건설이 오늘날 시대정신이라고 하였다.

사실 선거는 정치권(참정권)의 실현 수단이지만 이것은 공민권(자유권)과 사회권(복지권)과 더불어 시민권을 형성하고 있기 때문에 그간 우리나라 시민의 성숙으로 보편적 복지권을 요구하게 된 것이다. 여론의 지지율이 낮았던 야당이 총선과 대선에서 크게 승리한 것은 보편적 복지에 동의한 시민권(복지권)의 성숙이라고 볼 수 있다.

과거에도 복지에 대한 집단적 요구가 총선과 대선에서 선거공약이 되어 정책화 된 것이 더러 있었다. (예컨대 노령연금, 무상보육, 장애인연금, 양육수당 등) 그런데 이러한 복지정책이 마치 기존의 구호적 복지서비스를 예방적 사회보험인 것처럼 입법하였지만 사실 빛 좋은 개살구격이 되었다. 명칭은 그럴듯 하게 생색을 내었지만 그 내용은 용돈 수준으로 매우 부실하였다. 즉 보편적 복지제도가 아닌 선택적 연금 또는 수당이었다.

이러한 꼼수는 최근 복지국가의 보편적인 핵심제도인 공적 연금과 건강보험까지 하향조정하여 부실하게 만들었고 대기업들의 사적 복지(민간보험 등)만 발달시켰다. 따라서 한국의 복지수준은 OECD국가의 꼴찌이고 국고 보조가 거의 없는 사회보험제도로서 선진국가에서 사회보장국가의 대우를 받지 못하고 있다.

이와 같이 복지정책을 부실하게 만든 것은 그간 경제성장론과 한국형 복지론자인 경제관료들과 어용교수들, 그리고 보수언론이 작당한 꼼수에서 비롯되었다. 이들의 양심 회복이 우선되어야 한다.

오늘날 최대의 국가적 과제는 그간 정부가 조성한 사회양극화와 각종 특혜로 육성한 재벌독점화이다. 이것이 국민통합을 해롭게 하기 때문에 정부는 개입하여 이것을 해결하여야 한다는 것이다. 그럼에도 불구하고 이명박 정부는 친기업정책과 부자감세정책으로 이에 역행하였고, 심지어 종래 하였던 경기부양책으로 4대강 사업과 주택(아파트)개발정책을 강구하였으나, 정부와 기업 및 국민의 부채는 천문학적 수치로 불어났다. 특히 대기업의 부채를 탕감하기 위하여 정부(경제관료)는 막대한 공적 자금의 투입과 외환 및 금리, 그리고 인프레 등으로 경기활성화 정책을 도모할 것이다. 따라서 사회양극화와 재벌독점화 현상은 가일층 심화될 것이다. 정부와 대기업 및 보수언론은 경제위기론을 주장하면서 경제민주화와 복지개혁론을 차단할 것이다.

출처 ; 「사회정책」 개정증보 2판 머리말, 한복연 출판부 (2013. 8)

가족 수당은 도입하여야 한다.

우리나라 가족의 구조와 기능에 관한 연구는 대단히 많으나 가족의 복지에 관한 것은 거의 없다. 가족의 구조와 기능에 관한 연구도 종래에는 실증적 연구나 태도조사에 관한 것이 거의 대부분이라 볼 수 있고, 그것에 대한 접근방법도 거의 기능주의적, 체계론적인 것이라고 볼 수 있다. 그러나 최근 가족노동에 대한 관심이 증가되고 그것을 정치경제학적 접근이나 마르크스주의적 또는 여권주의적 관점에서 분석하는 경향이 두드러지게 나타나고 있다. 그리하여 기존의 부권가족 또는 가부장적 가족제도에 대한 비판과 여성해방론이 그 주류를 형성하고 있다. 이러한 가족에 대한 연구는 가족연구의 영역과 관점을 새롭게 개척하는 데 크게 기여하고 있으나 가족의 전통성과 복지적 기능을 경시하는 경향이 있다.

가족의 복지기능은 자유주의 사회에 있어서 가장 핵심적인 것이다. 가족제도와 시장제도가 복지기능을 제대로 수행하지 못할 때 그것을 보충·대리하기 위하여 사회복지정책이 필요하게 되었던 것이다. 그렇기 때문에 가족의 복지기능을 어떻게 정상화 시키느냐 하는 것이 사회복지의 중심적 과제가 되어 있다. 그럼에도 불구하고 지금까지 가족복지에 대한 관심은 주로 해체된 가족의 복지기능을 회복하려는 가족치료에 주된 관심을 기울이고 있는데 이것은 치료적이고 낭비적인 성격을 지니고 있다. 따라서 가족의 해체 · 결손 · 노령 · 사고 · 질병 · 탈선 등을 예방하기 위한 노력, 즉 가족정책이 절실히 요구된다.

이러한 가족정책이 우리나라에서는 그간 거의 개발되지 못하였고 서구에서도 가족수당 · 아동수당 · 연금 등 사회보험이 개발되어 있으나 가족구성원의 행복을 증진하기 위한 노력이 대단히 미약하였다고 비판하고 있다. 그간 핵가족화 등 가족해체가 개인주의적 가치를 신장시킨다고 하여 당연시 하거나 좋은 것으로 간주하였다. 더욱이 최근 가족법(민법 친족상속편) 개정으로 그것을 더욱 부채질 할 것 같다. 가복법 개정에서 상속제도가 과거와 같이 장자상속제가 아니고 자녀균분제가 적용되어 부모에 대한 부양책임과 조상에 대한 산소관리와 제사의 책임이 없어져서 장차 가족 및 친족연대가 상실하게 될 것 같다. 조선시대에는 분재기(分財記)에 봉사조가 있었으나 가족법 개정에는 그것이 없어지고, 비록 부모의 유언이 존중되지만 가족갈등은 심화될 것 같다.

저자는 최근 우리나라의 가족구조와 기능이 어떻게 변화되었고, 이러한 조건에서 가족성원의 욕구와 문제가 어떻게 해결되고 있는지는 탐구하여 보려고 하였다. 그리고 이러한 복지기능이 장차 사회변화에 따라 변화될 것인지를 예측하여 보고 그것에 효과적으로 대응하기 위한 방안을 모색하여 보려고 하였다.

출처 ; 「한국가족정책연구」 머리말, 한복연 출판부 (1990.2)

주택정책은 사회정책이다.

최근 우리나라에서는 토지 및 주택의 가격이 급속히 상승하여 무주택자는 아우성이고 온 국민이 마치 투기장에서 이전투구하는 것을 보는 것 같다. 아직도 무주택자가 전체가구의 약 3할(대도시는 45.4%)이고 이것이 해마다 증가되고 있으니 정부는 주택공급이 최선의 주택정책으로 알고 있으며 기업가는 주택건설이 최대의 이윤사업으로 여기고 있다. 그래서 신도시 건설 등 200만호 주택건설 사업으로 온 국민이 투기사업에 몰두하게 된 것 같다.

여기에서 정부의 주택정책이 주택 공급정책만이 최선이 아니라 무주택자에게 기회를 우선 제공하는 정책이 되어야 하고, 최근 소극적으로 마련되고 있지만 이러한 정책은 주택업자에게는 큰 이윤이 보장되지 않기 때문에 기피할 것이다. 심지어 최근 신도시 및 200만호 주택건설이 과소비인 것으로 매도하고 있는 실정이다.

이러한 문제에 대하여 올바르게 인식하고 처방하는 주택이론과 정책이 없기 때문에 나타난 현상이 아닌가 생각한다. 사회이론상으로 본다면, 주택공급정책은 기능이론에만 기초하였고 기회균등을 위한 갈등이론을 경시하였기 때문인 것 같다. 주택사업이 투기사업으로 된 것도 주택정책이론에 대한 올바른 지식만 되어있으면 쉽게 이해(분석)가 가능한 것이다.

이와 같이 우리나라 주택정책이 새로운 사회문제를 만들고 갈팡질팡하는 것은 기본적으로 주택정책의 빈곤에서 찾아볼 수 있다. 이것은 주택에 관한 사회이론의 결핍에서 초래되었다. 지금까지 주택정책을 단순히 경제정책(경제성장부양책)이나 건설사업으로만 본 것은 아주 잘못 되었다. 주택정책의 근본 목적이 국민의 기본 욕구인 주택(또는 주거)을 제공하고 사회적 갈등을 예방하려는 것임에도 불구하고 이것을 이윤추구나 불평등을 조장하는 수단이 되고 있는 것은 잘못된 것이다.

오늘날 주택정책은 국민의 기본권, 즉 복지권의 개념으로서 이것을 추구하기 위한 복지정책으로서 주택정책을 보아야 할 것이다. 종전의 주택정책이 이윤추구의 경제정책이나 건설사업으로만 본 것은 시정되어야 한다. 우리가 만약 자유주의 복지정책을 추구한다면, 주택정책도 그것의 기본원리인 ① 최저수준을 보장하고 ② 기회균등을 제공하며 ③ 재분배 효과를 극대화 하도록 노력하여야 할 것이다. 이것도 소유와 점유의 개념으로 구별하여 그 정책방안이 마련되어야 한다.

출처 ; 「주택과 사회정책」 머리말, 편저, 한복연 출판부 (1991. 9)

한국형 복지사업은 무엇인가?

최근 정부는 '신한국'을 건설하겠다고 하면서 사회복지 분야에 대한 변화와 개혁의 의지가 매우 약한 것 같다. 이미 지난 10여년간 제기된 사회복지정책의 주요한 과제가 무엇인가를 확인하여 보아도 그것을 쉽게 알수 있다.

지난 10여년간 우리나라 사회복지정책이나 서비스에 있어서 큰 변화가 일어났다. 그러한 변화는 종래의 사회복지 개념이 시설보호나 구호사업이었으나 오늘날에는 그것이 사회보장이나 전문사업으로 인식되어 가는 경향이 있다. 이러한 경향은 기존의 상황에 있어서는 사회복지 발달의 한계가 있기 때문에 새로운 상황, 즉 2천년대의 여건에서는 새로운 정책의 방향과 조정이 요구된다. 특히 정부와 기업 및 국민의 역할과 의식의 개혁이 요구된다.

정부의 사회복지정책은 그간 선성장 후분배, 선가정보호 후사회보장 등의 정책원리에 의하여 실시되었으나 그간 공업화에 의해 경제개발정책으로 많은 요보호자를 창출하였으며 또한 복지사회 건설과 국민의 복지욕구를 충족하기 위하여 그것이 발달하였다.

우리나라의 사회복지사업비는 현재 중앙정부의 약 5천억원, 지방정부의 2조 5천억원, 교회 약 5천억원 그리고 국민의 축의금이 연간 약 6조원이 된다. 이러한 예산으로 행하는 사회복지사업의 중복성과 비효율성이 대단히 많다. 특히 가장 많은 지방정부의

사회복지사업의 중복성과 비효율성이 대단히 많다. 특히 가장 많은 지방정부의 사회복지사업이 상당부분 민간단체의 역할을 행하고 있는 실정이라서 지방자치 및 민주화시대에 적합한 사회사업의 조정이 정부, 기업, 민간단체 간에 이루어져야 할 것 같다. 이러한 조정과 기능의 활성화는 2천년대 우리가 지향해야 할 복지국가의 건설에 맞추어야 할 것이다.

한편, 그간 경제성장으로 우리나라에 많은 기업이 발달하였고 특히 대기업 소위 재벌그룹이 발달하여 이들에 대한 국민의 사회적 요구가 증대하였다. 그리하여 최근 기업복지재단이 많이 설립되고 있다. 기업이 복지재단을 설립하는 것은 여러 가지 목적이 있겠으나 무엇보다 대기업의 사회적 책임감에서 비롯 되었다고 볼 수 있다. 그 동안 경제개발계획으로 성장한 대기업이 주로 이윤의 사회환원과 사회구성원으로서의 역할을 수행하기 위하여 기업의 사회봉사활동을 하게 되었다.

기업복지재단의 사회봉사활동은 교육 및 학술진흥사업을 가장 많이 행하고 그 다음이 사회복지사업을 행한다. 후자는 주로 무의무탁한 요보호자와 시설보호사업에 대한 지원이라 할 수 있다. 이러한 지원사업이 아직도 자선사업이나 구호사업의 성격을 벗어나지 못하고 있는 것이 특징이다.

오늘날 대기업이나 복지재단이 과연 자선 및 구호사업의 차원에서 사회복지 지원사업을 수행하여야 하는가에 대한 많은 의문이 제기되고 있다. 가난과 자선에 기초한 사회복지사업은 이미 70년대 이전에 주로 필요하였던 것이고, 오늘날 우리 국민은 절대빈곤에서 탈피하고 있으며 정부도 80년대 이후에 전체 국민을 대상으로 한 예방사업 즉 사회보험사업 중심으로 사회복지정책을 실시한다. 심지어 사회복지사업도 시설수용보호에서 재가복지 및 지역사회복지사업(예 복지관사업)으로 전환되고 있다.

오늘날 절대빈곤의 해소와 요보호자에 대한 대책은 일차적으로 정부의 역할이다. 정부의 이러한 역할이 부실할 때 기업재단의 지원이 필요하겠지만 기업재단은 그것을 보충하기에는 역부족이다. 오히려 그러한 욕구와 사회적 위험(빈곤, 질병, 노령, 실업 등)을 예방하거나 그것을 효과적으로 치료하기 위한 시범사업을 실시하는 것이 매우 바람직한 것이다.

그러나, 우리는 2천년대 초까지는 국민연금의 미수급자가 많이 존재하고 의료보험의 자부담율이 높아 진료를 받지 못하는 자가 나타날 것이며 심지어 가정결손 및 사회적 위험 등으로 요보호자가 많이 존재할 것이다. 따라서 2천년대 초까지는 정부 복지정책의 보충적 역할도 수행하면서, 동시에 한계계층에 대한 복지재단의 고유한, 효과적인 사업을 강화시켜 나가야 할 것이다.

우리는 2천년대를 지향하면서, 우리의 사회상이 어떻게 변화되고 이에 따른 국민의 욕구와 문제가 무엇이며 이것을 해결하기 위한 최적의 사회복지사업을 수행하기 위한 정부, 기업 및 국민의 역할과 과제가 무엇인가를 알기 위하여 최근 일련의 조사연구활동을 행하였다. 그러한 결과 많은 사실과 문제점을 발견하게 되었다.

출처 ; 「한국사회복지사업연구」 머리말, 한복연 출판부 (1993. 2)

한국인의 복지의식은 어느 정도인가?

오늘날 우리 나라의 복지문제는 여러 가지가 있겠지만 그 중에서 무엇보다도 중요한 것은 복지정책의 빈곤에 있다고 지적하지 않을 수 없다. 이것은 지나친 자유주의 경제정책으로 말미암아 빚어진 자본주의의 모순을 해결하는 데에 있어서 매우 소극적인 태도의 결과이며 복지주의에 대한 오해에서 비롯된 것이다. 또한 기존의 복지제도와 정책이 사회 변화에 따른 새로운 사회문제와 요구를 해결하는 데 있어서 매우 비효율적이었으며 오히려 새로운 사회문제를 만들고 있다는 것이 큰 문제이다.

이러한 문제와 요구에 대한 올바른 인식과 적절한 대책이 마련되어야 사회안전과 발전이 이루어 질 수 있다. 그러므로 국민의 요구가 어느 정도의 수준이며 이것을 해결하기 위한 정책방향이 어떠한 것이여야 하는가를 규명할 필요성이 있다.

한편, 우리가 염원하는 복지국가도 그냥 내버려 둔다고 해서 찾아오는 것이 아니다. 우리의 꾸준한 노력에 의하여 쟁취될 수 있는 것이다. 우리의 노력도 국민의 복지욕구와 복지의식에 기초하여 전진적으로 해야할 것이다. 국민의 요구와 의식에 기초하지 않는 정책방향과 모델은 큰 의의가 없다.

최근 우리나라의 기존 복지모델과 정책에 대한 시비가 자주 논의는 되고 있다. 시비의 쟁점은 우리의 현 실장과 요구에 맞지 않다는 것이다. 심지어 현존하는 복지정책까지도 누구를 위한 것이며 무엇 때문에 존재하는가에 대한 회의가 크다. 사회의 기득권자는 자기의 복지를 위하여 노력하고 요구자에 대해서 무관심하다. 이것이 오늘날 우리나라의 복지현실이 아닌가 한다. 따라서 현실의 사회문제와 국민요구를 올바르게 인식하고 민주적인 복지정책과 모델을 만들어야 할 것이다.

그리하여 저자는 최근 국민, 도시인, 기업인 및 노동자의 복지의식과 그것에 기초한 바람직한 복지정책과 모델이 어떠한 것인가를 알기 위하여 일련의 조사를 실시하였다. 여기에서 우리는 그들의 복지욕구와 생활상태, 복지제도와 서비스에 대한 태도, 그리고 복지의식과 복지모델 등을 어느 정도 알 수 있게 되었다.

우리가 조사한 복지의식에 기초하여, 국민이 생각하는 복지국가의 모델은 보완적 자유주의형을 가장 많이 지적하였고(53.8%), 그 다음은 제도적 자유주의형(26.9%)이며 나머지는 자유방임형(16.7%)과 사회주의형(2.6%)이다.

그러나, 국민이 바라는 복지정책의 모델은 국가개입(42.5%)과 중간형태(46.6%)를 대다수가 주장하고 자유방임의 경우에는 8.0%에 불과하다. 한편 복지국가를 형성하기 위한 재원도 정부책임(41.1%)을 대다수가 주장하고 개인책임의 경우는 불과 11.4%이다. 이것을 본다면, 국민이 바라는 복지국가의 모델은 제도적 자유주의형이라 할 수 있다.

출처 ; 「한국인의 복지의식」 머리말, 일조각 (1980. 8. 1)

3) 사회보장론

사회보장제도는 무엇인가?

우리나라에서 사회보장제도가 부분적으로 실시된 것은 30여년이 되었지만, 이것이 본격적으로 시작된 것은 1980년대 이후이다. 1960년대 초 생활보호법이 제정됨으로서 빈곤의 문제를 해결하기 위한 공적 부조사업이 실시되었고, 1970년대 초 산업재해보상보험법이 시행되어 사회적 위험을 해결하기 위한 사회보험사업이 시작되었다. 이러한 초기적인 사회보장사업도 제대로 내실을 기하지 못하였다. 1963년 입법 되었던 의료보험과 1973년 입법 되었던 국민연금법도 경제개발을 핑계로 계속 연기되어 왔다.

이러한 사회보장제도가 그간 공업화·도시화에 의한 경제개발정책으로 말미암아 가족의 복지기능이 파괴되고, 공동체의 해체, 개인주의적 가치관 및 빈부의 격차 등으로 말미암아 우리나라의 많은 국민들이 기본적인 사회적 욕구(소득, 보건, 주택, 교육 등)를 스스로 해결하기 어렵게 되어가고 노령, 질병, 사고, 빈곤 등의 사회적 위험을 대처할 수 있는 힘이 없어지게 되었다.

이러한 사회적 필요성에 의하여 사회보장제도가 개발되어야 함에도 불구하고 '선성장 후분배'라는 경제개발정책으로 복지문제는 상대적으로 후퇴되었던 것이다. 사회의 강력한 요구에 의하여 사회보장제도가 실시되어도 그것은 '재정중립', '적용가능계층', '수익자부담' 원칙이라는 사회개발정책의 원리로 말미암아 능력이 있는 사람을 위한 것이 되었거나 심지어 가난한 사람이 더욱 손해 보는 것이 되고 말았다.

이러한 결과가 나타나게 된 가장 큰 원인은 역시 정책형성자의 사회보장에 대한 올바른 이해가 부족한데서 비롯된 것이다. 그것은 사회보장이나 사회복지에 관한 국민교육이 없었던 것에도 연유하겠지만 이러한 문제에 대한 전문가가 부족하였던 것에서도 연유될 수 있다. 그러나, 사회보장제도가 발달하면서 오히려 전문적 관심을 불러일으키는 결과가 나타나고 있다. 최근 의료보험에 대한 논쟁과 투쟁은 그 좋은 예이다.

사회보장에 관한 입문서나 연구서가 우리나라에서도 제법 출간되고 있지만 이러한 책의 대부분이 사회보장의 구체적인 프로그램에 관한 설명이 대단히 빈약하거나 심지어 사회보험을 사적보험으로 인식하는 경우도 있다. 그리하여 사회보장에 관한 올바른 이해를 위하여, 사회보험제도(연금, 건강보험, 산재보험, 고용보험, 수당)뿐만 아니라 공 적부조제도(생활보호, 의료보호, 재해구호, 주거보호)와 사회복지서비스(아동, 노인, 장애인, 청소년, 여성, 노동자, 교정, 원호사업 등)를 다루었다. 또한 선진국(영국, 스웨덴, 미국, 일본)의 사회보정제도까지 다루었다. 이러한 사회보장프로그램의 구체적인 프로그램의 올바른 이해를 위하여 각 프로그램의 개념, 필요성, 제도, 적용범위, 기여제도, 급여제도, 관리운영제도, 과제와 전망을 외국과 국내의 자료를 소개하면서 다루었다.

출처 ; 「현대사회보장론」 초판 머리말, 한복연 출판부 (1988. 8. 20)

IMF 사태로 사회보장제도의 필요성을 인식하였다.

지난 해 IMF사태를 맞으면서 소위 구조조정으로 발생된 대량의 실업(약 2백만명)이 발생되었다. 이러한 실업으로 야기된 사회적 위험(빈곤, 질병 등)에 대비하기 위한 사회보장제도의 필요성을 국민 모두가 절감하게 되었다. 정부는 갑자기 실업대책을 위한 약 10조원을 투입하게 되었고 실업보험(소위 고용보험)을 전 사업장에 확대하게 되었다. 그 뿐만 아니라 의료보험 통합과 도시자영자연금, 생활보호법 대체입법 등 사회보장제도 개혁을 많이 단행하였다. 이러한 과정에서 우리나라 사회보장제도(프로그램)가 얼마나 낙후되었고 그 내용이 부실한 가를 알게 되었을 것이다.

최근 사회보장제도의 개혁과 프로그램의 확대과정에서 우리는 여러 가지를 느낄 수 있었다. 지난 40여년간 경제개발계획의 결과 목소리가 높은 기득권자와 그렇지 못한 자간 '계급전쟁'이 일어나고 있다는 것과 그간 사회보장제도를 비롯한 '복지교육'이 거의 안되었다는 것을 새삼 느끼게 한다. 그간 우리나라 사회보장제도와 프로그램을 개발하면서, 안일하게 여론과 선거에 밀려 부실한 것을 많이 만들었다. 사회보장의 기본 원리를 적용하여야 함에도 불구하고 연기, 단계적 적용, 차등기여, 제한급여 등을 행하면서 오히려 국민의 사회통합 보다도 오히려 불평등을 조성, 강화시키는 역기능을 많이 수행하였다. 이러한 것에서 사회보장, 즉 사회안보를 기한다는 것은 연목구어 격이다. 심지어 차세대에

까지 국민연금 등 사회보장비용을 많이 전가 부담시키는 것은 아주 잘못된 것이다.

최근 IMF 사태로 국가의 부채 규모가 연말까지 GDP의 약 40%(약 200조원 추산) 이상이 된다는데 이것도 차세대에 넘긴다면 큰 죄악이 될 것이다. 당대에 자기 문제를 해결해야 한다. 빚내어 못사는 사람은 없다.

출처 ; 「현대사회보장론」 개정판 머리말, 한복연 출판부 (1988. 3)

―――― ○ ――――

보편적 사회보험과 의약분업이 실시되어야 한다.

지난 2년간 우리나라는 사회보장제도의 개혁(특히 자영자 연금과 의약분업)으로 매우 시끄러웠다. 먼저 도시자영자 연금 확대인데 자영자의 소득 파악율이 저조한 상태에서 실시하면 고소득 자영업자(주로 변호사, 의사 등 전문직)들이 이득을 본다는 것이었다. 사실 우리나라 자영업자가 약 3백 34만 명인데 정부 및 국민연금공단은 소득이 없는 학생, 군인, 가사종사자 등 무급종사자까지 합하여 1천만명 이상이라고 하였다. 즉, 약 6할의 자영자가 소득이 파악되지 못한다고 한다. 소득이 있어야 연금대상자라는 것을 모르는 모양이다.

다음은 의약분업으로 의료보험재정이 파탄 났다는 것이다. 이것은 의사와 약사 및 시민단체가 합의한 의약분업을, 특히 의협의 집단행동으로 정부는 의료보험수가를 50%이상 인상하여 주었다. 그러한 결과 의료보험의 재정적자가 조기에 나타나게 되었다. 그리하여 통합의보인 국민건강보험을 옛날로 되돌리자는 주장까지 나왔다.

이러한 주장은 주요 일간지와 일부 조합론자들이 자영자 소득이 파악되지 않는 상태에서 의료보험을 통합하여 비롯된 것이라고 주장하였다. 이것은 의보와 의약분업을 분간하지 못한데서 나온 말이다. 사실 의보재정 파탄은 말 없는 다수 국민(환자)의 이익을 제쳐 놓고 의사와 약사들의 계층이익을 정부가 옹호하다가 나타난 현상이다. 여기에서 우리나라 정부와 계급갈등의 성격이 노출되고 있다.

최근 정부는 의료보험 재정통합(개혁법)을 연기하겠다고 발표하였다. 만약 자영자 소득파악이 문제라면, 우리나라 조세징수도 문제가 된다. 따라서 사회보험 기여금의 징수권도 국세청에 이관시키는 것이 좋겠다.

출처 ; 「현대사회보장론」 재개판 머리말, 한복연 출판부 (2001. 7)

사회보장이 불평등을 조성한다.

이번에 런던대학교 정치경제학부 교수인 James Midgley가 쓴 「제 3세계 불평등과 사회보장」(John Wiley & Son, Chichester, 1984)을 번역하기로 하였다.

이 책은 제 3세계의 불평등 구조를 먼저 규명하고 사회보장제도가 이러한 불평등을 해소시키는 데 기여하지 못하고, 오히려 그것을 강화시킨다고 비판하면서 사회보장제도의 개혁을 요구하고 있다.

미즈리는 1981년에 「제 3세계와 사회사업 - 전문적 제국주의」(한국복지정책연구소 출판부, 1984)를 발표한 바 있어서 이미 우리에게는 매우 낯익은 제 3세계 사회복지·사회개발 부문의 전문가이다. 그는 이 책에서 제시한 이론을 이번의 역서에서도 확인한 셈이다. 다시 말하면 제 3 세계는 선진국가의 사회과학·정책과학을 모방하여 오히려 문화적 제국주의의 지배하에 놓이게 되었고, 따라서 후진국가의 빈곤과 불평등은 더욱 심화되었다는 것이다. 사실 정책과학이 선진 자본주의국가에 있어서도 불평등을 근본적으로 해소시키지 못하지만, 국민의 기본적 요구를 해결함으로서 폭력을 예방하고 사회통합에 기여하고 있는 실정이다. 더욱이 이러한 제도와 정책이 후진국가에 도입되었을 때 가진 자를 위한 것이 되고 말았기 때문에 이의 올바른 도입이 요망되는 것이다.

비록 제 2차 대전 후 제 3 세계에서 사회보장이 활발하게 발전되었다고 하더라도 이러한 제도는 일반 국민에게 거의 혜택을 주지 못했다. 이러한 제도는 안정된 직장과 일정한 소득을 지니고 이미 특권을 갖고 있는 사람들에게 우선적으로 제공되었고, 사회보장의 필요성이 가장 큰 사람은 제외되고 있다. 따라서 이러한 제도는 많은 개발도상국의 특징이라고 할 수 있는, 현저한 불평등을 심화시키며 경우에 따라서는 오히려 여러 가지 자원을 저소득층에서 고소득층으로 이전시킴으로써 불평등을 확대시켰다.

이러한 경향은 형평의 이유에서 뿐만 아니라 견고한 불평등은 가난한 나라의 개발 노력에 해롭다는 이유에서 지탄받아야 한다. 현저하게 왜곡된 소득, 분배의 유형, 부와 토지의 지나친 편중, 정치과정에서 일반 국민의 배제, 그리고 봉건적 사회구조의 존속은 오늘날 제 3세계에 있어서 사회적 경제적 발전에 중요한 장애요인으로 인식되고 있다. 개발도상국에 있어서 사회보장제도가 빈곤의 완화에 확실히 기여하기 위해서는 긴급히 개혁되어야만 한다.(서론에서)

미즈리는 이 책을 3부 8개의 장으로 구성하였다. 제 1부에서는 불평등을 다루고, 제 2부에서 사회보장을 다루며, 제 3부에서 이 양자의 관계 및 그 개혁방안을 제시하고 있다. 그는 각 부에서 먼저 불평등과 사회보장의 개념과 이론적 관점 및 기존이론을 자세하게 소개하고, 나아가 제 3세계의 불평등과 사회보장의 현황 및 그 문제점이 무엇인가를 적나라하게 파헤치고 있다.

이 책을 보면, 우리나라 불평등과 사회보장의 문제점이 제 3세계의 경우와 매우 흡사하다는 것을 알 수 있다. 또한 이러한 문제를 해결하기 위하여 미즈리가 제시한 방안(전략)이 우리들에게 시사하는 바가 대단히 크다.

선진국가의 사회불평등과 사회보장에 관한 연구는 대단히 많고 또 번역되어 구하기 쉽지만 후진국, 제 3세계의 경우는 거의 없는 실정이다. 이러한 상황에서 이 책이 간행되어 사회학·사회복지 및 사회개발 등에 기여하는 바가 크며, 이 분야에 관심이 있는 분들에게 매우 유익하리라 생각된다. 비록 이 분야에 초보자일지라도 이 책이 기초적인 개념과 이론을 먼저 소개하기 때문에 쉽게 이해할 수 있으리라 생각한다. 그리고 현재 우리나라에서도 불평등과 빈곤문제를 해결하기 위한 사회보장제도의 실시와 개혁이 주요한 과제가 되어 있기 때문에 이것을 해결하는 데 있어서 좋은 착상을 제공해 줄 수 있으리라 생각한다.

출처 ; 복지연구회 역,「제 3세계 불평등과 사회보장」머리말, 한국복지정책연구소 출판부 (1986. 9)

우리나라 사회보장제도가 개혁되어야 한다.

우리나라에 사회보장이 본격적으로 실시된 것은 10여년이 되었다. 그간 사회보장제도가 사회보장의 기본원리에 충실하지 못하고 오히려 사회불평등을 조성하였다. 그리하여 저자는 사회보장 개혁을 주장하게 된 것이다.

저자가 우리 나라 사회복지의 개혁을 주장하게 된 것은 오래되었지만[27] 사회보장의 개혁에 대한 주장은 1980년대 초 의료보험의 통합일원화에서 비롯되었다.[28] 의료보험이 1977년 부터 실시되었지만 이것이 전국민보험화 되어 있지 못하여 적용자(특수직과 근로자)와 비적용자(영세사업장 근로자와 자영업자)간 불평등을 조성하여 국민을 이원화(소위 두 개의 국민화)시키고 있었다. 이것의 잘못을 시정하기 위한 근본적인 개혁방안은 사회보장의 기본 목적과 원리가 적용되지 못하였고, 특히 '적용 가능한 계층' 및 '수

---

27) 1965년 이후 10여년간 저자가 주장한 사회복지개혁론은 주로 「한국사회복지론」(법문사, 1973)과 「사회복지의 자주적 모색」(평민서당, 1976)에 수록되었으며 1975년 이후 10여년간은 「한국사회복지의 제문제」(한국복지정책연구소 출판부, 1986)에 수록되어 있다. 그리고 1980년대 빈곤정책(생활보호사업)의 개혁론은 「한국빈곤연구」(한국복지정책연구소 출판부, 1990)에 수록되어 있다.

28) 저자가 의료보험의 통합일원화를 주장하게 된 것은 1982년 의료보험관리공단의 용역사업인 「전국민 의료보험의 합리화 방안」을 제시한데거 비롯되었다. 이것은 1982년 9월 보건사회부 정책자문회의와 크리스챤 아카데미의 대화의 모임 등에서 주장하였다.
김영모, 한국의료보험의 개선방안, 「정의와 복지화」, 문화예술사, 1985
김영모, 원석조, 김연명 공저, 「한국의료보험연구」, 한국복지정책연구소 출판부, 1991

익자 부담'이라는 정책의 기본 원리에서 찾을 수 있으며, 또한 전국민의료보험이 성취되었을지라도 소위 조합주의라는 현행 의료보험 운영방식에서 찾을 수 있음을 알 수 있었다.

이와 같이 잘못된 사회보험의 원리와 방식을 개혁하기 위한 노력을 저자는 동료들 및 제자들과 함께 열심히 하였다. 이러한 노력은 글을 통해서,[29] 강의를 통해서[30] 그리고 각종 모임[31]에서 주장하였다. 제 5공화국에서는 경총과 노총 및 일부 언론기관이 현행 의료보험의 조합주의를 찬성하였지만 제 6공화국에서는 마침내 재야 농민 및 노동단체에서 의료보험의 통합일원화를 주장하게 되었고, 1989년 3월 국회에서 여야의 만장일치로 '전국민 의료보험법'이 통과되었다. 그러나 노태우 대통령은 이것에 대하여 거부권을 행사하였다. 매우 불행한 일이었다.

우리 나라에 있어서 이론적으로나 현실적으로 조합주의 의료보험 운영의 필요성과 타당성이 없음에도 불구하고, 이것이 그대로 유지되고 있는 것은 사회보험에 관한 국민적 관심이 부족하고, 심지어 일부 정치인과 행정 관료들의 이해 부족에서 비롯되고 있다. 우리가 걱정하는 것은 전국민 사회보장의 시작이라 볼 수 있는 의료보험제도에서 잘 못된 것이 다른 사회보험 프로그램, 즉

29) 사회보장개혁에 관한 주요한 글은 이 책(출처)에 게재되어 있다.

30) 저자는 특히 지난 80년대 총무처 중앙공무원교육원, 보건사회부 국립사회복지연수원 및 보건원 훈련부, 내무부 지방행정연수원, 서울특별시 공무원교육원, 한국언론연구원, 그리고 각 전문대학원 최고경영자과정 등에서 강의를 통하여 주장하였음.

31) 각종 학술회의, 세미나 이외에도 방송국의 정책토론회, 정당의 정책간담회 등에서 저자의 개혁론을 많이 주장하였음.

연금보험, 산재보험, 고용보험 등에도 그대로 적용될 가능성이 있기 때문이었다. 그래서 저자는 이러한 사회보험 프로그램과 공적부조제도와 운영관리기구가 모두 통합되어야 하는 것이 가장 바람직한, 21세기의 사회보장 개혁방향 임을 주장하게 된 것이다.

우리 나라의 사회보장개혁은 단순히 사회보장제도 및 프로그램의 개혁에만 그칠 것이 아니라 이와 관련된 것, 특히 우리 나라 사회복지정책의 기본 방향과 정책에 관련된 것을 아울러 개혁되어야 한다. 2천년대 우리가 건설해야 할 국가의 과제라 볼 수 있는 통일 및 복지국가의 사회보장 계획을 위해서 뿐만 아니라 아직도 미비된 사회보장정책의 확충 그리고 최근 주요한 과제인 지방자치와 시민참여 문제까지 아울러 검토되어야 할 것이다.

그리하여 저자는 지난 10년간 주로 각 종 모임에서 발표한 관련된 글들을 모아 이 책을 간행하게 되었다. 각 종 모임은 주로 사회복지관련 단체의 학술회의 또는 세미나이고 관련된 글들은 여기에서 발표한 기조강연 또는 주제논문들이다. 각 글들이 모두 독립된 논문들이어서 저자의 주장과 자료들이 중복된 경우가 많이 있을 것이다. 이 글들이 당시의 필요성에 의하여 주장되었기 때문에 거의 수정을 하지 않았다. 독자들의 넓은 양해를 바란다.

출처 ; 「한국사회보장개혁론」 머리말, 중앙대 출판부 (1995. 1)

우리나라 사회보험이 왜 후퇴하는가?

최근 국민연금, 건강보험 등 사회보험에 대한 관심이 많이 늘었다. 이러한 사회보험에 대한 관심은 대부분 부정적이다. 부정적인 견해는 주로 국민연금과 건강보험의 재정적자론이다. 재정적자론은 '고부담 저급여'의 방향으로 개혁을 해야된다고 하지만, 이러한 재정적자론의 진단과 처방의 방향은 거의 제시하지 못하고 있다. 재정적자의 주요한 원인은 '저부담'도 있지만 '고급여'는 아니다. 특히 현행 제도의 문제점은 부실한 운영에 있다.

이러한 문제점과 부실한 운영은 국민연금과 건강보험이 사회보장제도로서의 제 기능을 발휘하지 못하고 이것을 운영하는 정책 결정자의 무지와 직무 유기에서 비롯되고 있다.

또한, 국민연금과 건강보험의 재정적자론은 다른 정책적 의미를 지니고 있다. 재정적자론을 꾸준히 주장하는 견해는 경제관료와 일부 언론, 그리고 관변 학자와 관변 연구소(KDI 등)이다. 이들은 근본적으로 사회보험에 대하여 부정적이다. 사회보험을 사보험의 논리에서 비판하고 개혁을 주장하고 있다. 이들의 견해는 신자유주의적 이념(neo-liberalism)에 기초하여 있어서 공적 사회보험제도를 싫어한다. 그리하여 미국식이나, OECD, 세계은행 등 선진 독점자본주의 국가의 견해(소위 3층론 등)를 추종한다.

사람이 가장 서러운 것은 배가 고프고 아픈 것인데 이것을 최저한 보장해 주자는 것이 사회보장제도가 아닌가? 이러한 최저

수준을 보장하지 못하는 나라가 무엇 때문에 필요한가?

한편, 사회보험의 부실한 운영은 많은 국민들로 부터 '폐지론'에 공감하고 있다. 따라서 부실운영은 일차적으로 사회보험제도의 결함을 시정하고 사회보장의 기능을 충실히 이행하도록 개선해야 한다. 이러한 개선을 그간 대단히 게을리 하였다.

최근 사회보험, 특히 국민연금과 건강보험의 부실한 운영은 주로 보험료 부과체계(기여제도)의 결함에서 비롯되고 있다. 지난 20여년간 논쟁 끝에 불평등과 비합리성을 지닌 분립주의와 조합방식의 의료(건강)보험제도를 법령상 단일체계로 통합 일원화 시켰지만 아직도 종전 방식으로 운영하고 있는 실정이다. 더욱이 보험료 부과체계도 2원화(소득비례제와 소득정액제, 즉 상하한제) 되어 형평성과 소득역진성의 문제가 있고, 10년이 지났는데도 보험료 부과체계(등급별 표준보수월액)를 시정하지 않고 정부의 기여금이 거의 없는 국민연금은 '사회보장기본법'에 위배된다.

더욱이 최근 정부가 노인수발보험을 도입하겠다고 의결하였는데 이것은 지방자치단체가 할 일을 중앙정부(건강보험관리공단)가 환수하겠다는 것으로 잘 못된 것이다. 우리나라와 같이 의료보험체계가 단일화 되어 있는 선진국가는 모두 사회서비스 방식을 행하고 있는데 그렇지 않는 일본형을 모방하겠다는 것은 큰 잘 못이다. 이것은 폐지되어야 한다.

출처 ; 「한국사회보장개혁론」 머리말, 중앙대 출판부 (2006. 7. 17)

의료보험은 통합 일원화 되어야 한다.

우리나라에 의료보험이 시작된지 14년이 되었다. 이 짧은 기간에 전국민의료보험이 실시되기 까지에는 많은 논란과 제언이 있었다. 이러한 논의를 통하여 의료보험의 이론과 실제가 급속히 발달하였다. 우리가 조사한 의료보험에 관한 주요한 논저가 약 1,000여편에 달하는 것에서도 그것을 실감할 수 있다.

의료보험이 실시될 때만 하여도 이것에 대한 전문적 이해가 별로 없었고 주로 일본의 의료보험을 모방하는 수준이었으나 이제는 그것을 극복하고 오히려 일본과 대만 등 외국 의료보험제도의 개발에 기여할수 있는 수준에 이르게 되었다.

이와 같이 한국의 의료보험이 빨리 발달하게 된 것은 여러 가지 원인이 있겠지만 그 중에서도 전문가의 개입으로 인해 일찍이 현행 의료보험의 문제점이 노출되었고 이것을 해결하기 위한 방안이 제시 되었기 때문이다. 그 중에서도 가장 중요한 기여는 의료보험이 사회보험으로 기능하기 위해서는 현행 분립체계와 조합주의방식의 의료보험을 통합일원화 하여야 한다는 문제제기이다. 통합일원화의 가장 중요한 목적은 의료보험의 효율성과 소득재분배 효과를 제고하자는 것이다. 다시 말하면 현행 의료보험제도가 사회불평등과 낭비를 조장하고 국민적 연대를 파괴하기 때문이다. 그럼에도 불구하고 조합주의를 주장하는 소수의 학자 및 관료들은 의료보험을 사보험이나 의료문제로 오해하였고, 심지어 대통령(노태우)도 사(사)법적 논리에 의하여 국회에서 여야 만장일치로 통과된 소위 통합법안('국민의료보험법')을 거부하였던 것이다.

한편, 통합일원화의 개념도 점차 의료보험의 관리운영 뿐만 아니라 다른 사회보험제도 까지 하나의 사회보장체계로 통합되어야 한다는 것으로 발전되었다.

이와 같이 의료보험제도가 발전하게 된 가장 중요한 계기는 지난 10년간 조합주의와 통합주의간의 지속적이고 치열한 논쟁에서 비롯 될 수 있었다. 이러한 논쟁의 이론적 계기를 만들어준 것이 우리가 연구한, 1982년 발표한 "국민의료 개보험화의 합리적 방안"[32]이었다. 이 논문은 의료보험의 통합일원화가 소득재분배 기능을 극대화 시키고 낭비를 줄일 수 있다는 것을 강조하였다. 또한 현행 의료보험 조건으로도 전국민의료보험이 즉시 실시가 가능하다고 주장하였다. 당시에 이러한 것은 조합주의 방식에 의해서 가능하다 하고, 통합방식에 의해서는 불가능하며 국가재정의 위기가 온다고 주장되어 왔다. 그리하여 이 논문은 '대외비'가 되었지만 국회의원, 학자, 공무원들에게는 널리 읽혔던 것이다.

그후 소위 '국회파동', '보사부파동' 등이 일어나고 또한 관변학자를 중심으로한 조합론자(주로 보건행정 전공)와 사회과학자를 중심으로한 통합론자(주로 사회정책 전공)간에 치열한 논쟁이 많은 세미나, 학회, 언론, 정책간담회, 공청회 등에서 벌어졌고, 의료보험노동조합, 농민단체, 심지어 정부, 이해단체간에 갈등 및 투쟁

32) 이 보고서는 1982년도 의료보험관리공단의 용역보고서이며, 이것은 『사회정책연구』 제 2집(1982년)에 게재되었다.

이 심화 되었다. 이러한 갈등의 원천이 현재도 조합주의 방식의 제도적 결함에 의하여 나타나고 있는 실정이다. 비록 이러한 결함을 보완하기 위하여 정부가 노력하겠지만 그것을 군더더기에 불과하다.

우리나라 의료보험에 관한 논쟁은 이젠 전문가적 차원에서 벗어났고, 주요한 사회적 정치적 과제가 되어 주요한 사회갈등의 요인이 되고 있다. 따라서 이러한 갈등을 수용하는 것만이 체제 통합의 길이 된다.

우리는 그 동안 현행 의료보험제도 특히 기여제도, 급여제도, 본인부담제, 소액지료비 자부담제, 소득재분배효과 등에 있어서 많은 문제점을 발견하고,[33] 그것을 개선하기 위하여 외국의 경험을 살펴 보고 국내의 현행제도 및 국민의 의식조사 등 광범위한 경험적 연구를 행하였다. 그러한 연구결과를 모아 이번에 단행본으로 간행하였다.

출처 ; 「한국의료보험연구」 머리말, 공저, 한복연 출판부 (1990. 11)

---

33) 의료보험제도에 관한 일련의 연구결과는 1982년부터 1990년 까지 『사회정책연구』 제 2, 3, 5, 11, 12집에 발표되었다.

4) 지역사회복지론

지역사회주민의 통합방안은 무엇인가?

최근 사회복지 분야에서는 지역사회복지라는 말을 흔히 사용한다. 지역사회복지라는 말이 사람들에 따라 지역사회개발 또는 지역사회사업 또는 지역사회조직이라는 말과 동일시하는 경향이 있는데 이것은 잘못된 것이 아닌가 생각한다. 왜냐하면, 지역사회복지의 개념은 그러한 개념을 모두 포괄한 것이며 지역사회의 복지를 위한 새로운 이론적 체계화가 요청되기 때문이다.

우리나라에 있어서 지역사회복지라는 말이 이와 같이 혼용되고 있는 것은 구미에서 발전된 지역사회복지의 제 개념들이 사회복지 또는 사회사업의 주요한 방법이 되어 왔고, 또 그것을 맹목적으로 수용하였기 때문에 나타난 현상이 아닌가 생각한다. 그렇기 때문에 지역사회복지의 개념을 새로 넓게 규정하여야 될 것 같다. 그것은 사회복지의 개념이 지역사회 단위에서 이루어진다고 생각하면 될 것이다. 만약 그렇게 생각한다면 지역사회주민의 소득, 보건, 교육, 주택, 환경, 교통, 스포츠, 오락 등에 관한 공통된 욕구를 해결하고 범죄, 비행, 빈곤, 실업, 홍등가, 빈민촌, 환락가 등의 문제를 해결하기 위한 모든 사회적 노력을 지역사회복지라고 말할 수 있다. 이러한 지역사회복지의 이론은 사회복지분야뿐만 아니라 정치, 경제, 사회, 문화 등 거의 모든 분야에서 적용될 수 있는 것이다.

우리가 지역사회복지와 관련된 제 개념이 사회사업의 주요한 방법이고, 그것이 자기결정, 자조사업, 민주적 과정에 의하여 이루어지는 것으로 생각하기 쉬운 것도 그러한 개념이 발달한 구미의 사회적·문화적 배경에서 생성된 결과이기 때문이다. 그러나, 지역사회복지의 제 개념이 구미에서 발달한 것이라고 해서 우리나라에서는 불필요한 것이라고 말하기는 어렵다. 오히려 그러한 이론과 방법을 자주적으로 비판·수용하여 우리나라의 지역사회발전에 기여한다면 훌륭한 지역사회복지이론이 될 것이다. 다시 말하면, 그러한 이론에 기초하여 한국형 지역사회복지 이론을 모색할 수 있는 것이다.

출처 ; 「지역사회복지론」 초판 머리말, 한복연 출판부 (1985. 8)

—————— ○ ——————

다양한 지역사회복지방법이 발달하고 있다.

지난 50여년간 우리나라 지역사회복지사업은 선진국 지역사회복지 이론이 혼재한, 세계 각축장이 되어 온 것 같다. 그간 지역사회복지이론은 50년대~70년대의 근대화 이론, 그리고 80년대의 복지이론으로서 발달되었다. 즉, 50년대 말 마을 단위의 지역사회개발 시범사업이 시작되었고, 60년대 중반 농촌진흥청이 면 단위의 '지역사회개발', '농촌교도사업'을 실시하였으며 1970년대 초부터 내무부 중심의 '새마을운동'이 전국적으로 실시 되었다. 이러한 지역사회복지사업은 특히 낙후된 농촌사회개발이 그 중심이었다. 그러나, 1980년대 초 도시영세민의 탈빈곤과 탈시설화를 위하여 '사회복지관'이 발달하기 시작하였고, 80년대 말부터 지역사회중심의 '아동보육사업'이 발달하였으며 90년대 부터 자원봉사와 재가복지사업의 지역사회보호사업이 발달하였다.

이와 같이 지역사회복지사업이 시대에 따라 그 주요한 개념과 방법이 변화된 것은 해방 이후 한국 사회변화(도시화, 공업화, 빈곤화 등)에 따른 지역사회복지방법의 변화라고 볼 수 있다. 최근 급속한 핵가족화, 맞벌이, 고령화 등으로 가족보호(부양) 기능이 파괴되어 이를 보충하기 위한 지역사회보호와 재가복지사업이 활발하게 나타나기 시작하였다. 소위 노인, 장애인 등을 위한 가정봉사원 파견사업, 주간보호사업, 단기보호사업 등이다.

최근 사회변화에 따른 복지환경이 급속히 변화되고 있다. 일반적으로 지역사회복지는 사적 복지로 생각하기 쉬우나 근래 선진국가의 경우 공적 복지의 성격이 두드러 진다. 우리나라의 경우 민간의 참여가 강조되었으나 과거 새마을운동이나 사회복지관의 경험에서도 그렇고, 최근 재가복지사업도 국가정책화 현상이 뚜렷하다. 그래서 지역사회복지의 개념과 내용이 시대와 나라에 따라 많이 변모되고 있다.

출처 ; 「지역사회복지론」 전문개정판 머리말 , 고헌 출판부 (2001. 7)

사회복지관의 주체성을 확립하자.

사회복지관은 '사회복지시설 운영 개선 방안'에 따라 3년마다 평가를 받게 되어 있다. 서울특별시의 경우 지난 96~98년 까지 3년간 평가를 시행하였으나 시행과정에 있어서 많은 문제점(합리성, 객관성, 공정성)이 제기 되었다. 이러한 문제점을 평가지표와 평가방법 및 평가기준 등에서 많이 발견할 수 있었다. 이것은 1980년대 초 사회복지관(사업)이 본격적으로 실시될 때 이에 대한 계획성과 책임성이 결여되어서 나타난 것 같다.

사회복지관이 정부의 재정지원을 받는다면 정부가 지원해야 할 사업의 명분과 타당성이 있어야 하고, 또 그러한 사업이 국가적으로나 사회적으로 필요하다는 인식이 전제되어야 한다. 그럼에도 불구하고 그간 사회복지관이 대도시에 우후죽순처럼 매우 난립되었고 정부보조금에 크게 의존하게 되었으며[34)]심지어 복지관 위탁을 위한 경쟁이 심하여 공탁금 제도와 특정 단체(종교기관)에 의한 복지관 위탁의 독점화 현상이 나타나고 있는 실정이다.

이러한 문제점을 개선하기 위하여 서울특별시는 1999년 12월 사회복지시설(관) 운영 개선 방안을 마련하였다. 그 주요한 것은 ① 지역특성에 맞는 프로그램 개발, 즉 수혜대상 중심의 6대 영역을 기능중심의 3대 영역(가족복지, 재가복지, 지역복지)으로 전환,

---

34) 인구 10만 단위에 1개 사회복지관의 건립이라는 정부 지침에 의하여 사회복지관이 지방행정의 인기품목이 되었고, 사회복지관에 의한 정부 보조금이 사업비의 약 4할에 불과하여 수익사업에 관심이 많다고 비판을 받는다.

② 사회복지관의 노인·장애인 복지관으로 사업 전환, ③ '지역복지센타'로의 육성이다. 이러한 개선 방안은 21세기 지방자치 시대와 고령화 사회에 걸맞는 방향이라 할 수 있다.

한편, 사회복지관 위탁 또는 재위탁을 위한 공정하고 합리적이며 전문적인 지침(기준)이 마련되어야 하고, 따라서 올바른 재위탁 조치를 위해서는 사회복지관에 대한 올바른 평가가 이루어져야 한다.

그리하여 우리는 현재 사회복지관이 지니고 있는 많은 과제를 해결하고 새천년에 필요한 사회복지관의 위상과 역할과 방향을 정립하기 위하여 사회복지관의 평가지표를 개발하기로 하였다.

우리가 개발한 평가지표의 원칙과 기본방향 그리고 지표내용이 타당한 가를 알기 위하여 서울시 사회복지관을 대상으로 전수조사를 실시하고 공청회 등을 개최하여 검증하여 보았다. 또한 이러한 평가지표에 의하여 사회복지관의 의탁기준과 사회복지관 사업에 대한 시민 참여를 위하여 지역복지협의회의 조직 운영에 대한 방안도 마련하여 보았다.

출처 ; 「사회복지관 평가지료」 머리말, 공저, 한복연 출판부 (2000)

농촌빈곤을 자주적으로 해결할 수 없는가?

새마을운동은 1970년대 전반에 농촌근대화 사업으로서 전국적으로 실시되었다. 새마을운동은 정부, 특히 내무부의 지방행정사업으로 추진되었지만 부락민들의 자조·자립운동으로 발전시켰다. 새마을운동의 추진은 부락(마을)의 새마을지도자가 주도적 역할을 하였지만 지방공무원들(읍·면·동 또는 시·군·구)이 지역사회조직가로서의 역할, 즉 적극적 지원으로 성공할 수 있었다. 사실 새마을운동이 농촌의 환경개선과 농민의 정신개발 및 소득증대에 크게 기여하였지만, 부수적으로 공무원들의 대민봉사정신을 개선하는데도 크게 기여하였다. 과거 면장·군수들이 주로 서류결재행정을 하면서 큰 소리를 쳤지만 새마을운동을 통하여 논의 물꼬까지 걱정하게 되었다.

새마을운동은 마을 단위에 정부의 엄청난 재정지원이 있었지만 주민들도 헌신적인 노동력과 토지를 기여하였으며, 또한 많은 농촌지도자를 육성할 수 있었다. 이러한 기초 위에 농촌근대화를 앞당길 수 있었지만 이것이 정치적 목적과 연계됨으로서 지속적으로 발전하기 어렵게 되었다.

1970년 대 한국사회는 비록 공업화에 의한 2차의 경제개발계획을 실시하였지만 농촌·농민 중심의 사회라 해도 과언이 아니다.[35] 또한 급속한 공업화와 도시화로 말미암아 많은 사회문제(빈

35) 당시 농어촌(면) 인구는 전체의 49.8%를 차지하고 중소도시(읍) 인구가

곤, 가족해체 등)를 조성하였다. 다시 말하면 전통적인 농촌사회가 붕괴되어 가는 과정에서 농촌을 되살리기 위한 지역사회개발 등 근대화 운동을 통하여 자구책을 강구하여 보려고 한 것이다.

사실 새마을운동은 농촌근대화 운동이기도 하지만 동시에 지역사회개발 또는 지역사회복지운동이라 할 수 있다. 당시 서구에서 도입된 지역사회개발운동이 실시되었지만 제대로 성공하지 못하고 있을 때 정부가 개입한, 소위 한국형 지역사회개발운동이 새마을운동이었다. 물론 새마을운동은 서구의 지역사회개발운동보다도 더 큰, 더 넓은 의미를 지니고 있지만 저자가 생각할 때 그것은 일차적으로 지역사회개발 또는 지역사회복지의 개념으로 이해하려고 하였고 나아가 사회개혁운동으로 확대할 수 있었다.

이러한 입장에서 저자는 새마을운동을 이해하고 방향과 전략을 제시하려고 하였다. 당시 저자는 농촌사회학에 관심을 지니고 있었고 지역사회복지론을 강의하고 있었다. 그리하여 새마을 운동의 평가에 참여하게 되었다. 새마을운동의 평가에 참여하게 된 주요한 계기는 평소 잘 알고 존경하던 남재희, 서울신문사 편집국장의 요청을 받아들인 것이다. 그는 이제 시작된 새마을 운동의 평가와 방향을 전문가들이 제시하여 달라는 것이다.

출처 ; 「새마을운동 연구」 머리말, 한복연 출판부 (2003. 3. 1)

9.1%, 나머지는 대도시 인구였다.

지방정부의 사회복지사업은 자립이 가능한가?

최근 소위 문민정부가 들어서고 지방자치제가 실시되면서 사회복지에 대한 국민의 기대가 대단히 높다. 더욱이 대통령은 '삶의 질을 세계화'를 주장하면서 정부는 국민복지기획단 등 각종 위원회를 조직하여 요란스럽게 사회복지 개혁을 위한 보고서를 발표하였다. 그러나 국가예산에 있어서 사회복지 예산의 비율은 오히려 떨어졌고, 각종 보고서의 내용은 새로운 것이 거의 없었으며 재탕, 삼탕한 것을 많이 볼 수 있었다. 이러한 현상이 나타나게 된 것은 오래동안 거듭된 중앙집권과 관치주의에서 비롯된 산물이라고 할 수 있다.

우리 나라의 현실여건은 그간 공업화에 의한 경제개발계획으로 지역간 계층간 불평등이 심하고, 동시에 지역간 복지 격차(불균형)도 대단히 심한 것이다. 지역간 불균형이 심하다는 것은 대도시의 재정자립도는 80%가 넘지만 지방의 경우 군(郡)이 22.5%, 시(市)가 53.4%에 불과하다. 그리고 지방자치단체 사회복지사업의 국고 의존율이 80%가 된다.

이러한 현실적 여건을 고려한다면, 지방정부가 주로 관장해야 할 공적 부조(생활보호사업)와 사회복지서비스(아동, 노인, 장애인, 모자, 영유가보육 등 복지 7법)는 자주적이고 독립적인 복지계획을 수립할 수 없다는 결론이 나온다. 더욱이 중앙정부가 관장해야 할 의료보험까지 지역, 직장 등 조합방식으로 운영하는 경우 복지불평등이 심화될 수 밖에 없다. 다행히 사회복지사업의 국고의존율이 높다는 것은 국가가 지역간 복지격차를 조정할 수 있어야 한다는 것이다.

우리는 지방자치제를 실시하면서 지방자치단체가 할 수 있는 자주적인 사회복지 방안이 무엇인지를 알기 위하여 국가 및 지방자치단체, 심지어 민간의 복지정책 및 서비스에 대한 실태를 파악하였다. 이러한 현실적인 분석을 통하여 지방정부 및 민간단체의 사회복지 시책과 서비스의 방향을 모색하여 보았다.

그간 사회변화가 많이 일어나서 전통적인 사회복지 활동을 통하여 현대적인 복지수요를 충족시키기에는 매우 어렵다. 과거 혈연이나 지연에 의한 상호부조의 기능도 거의 파괴되었고, 오히려 이것을 재조직 하기 위한 지역사회복지운동이 필요하게 되었다. 최근 '사회복지공동모금'이 활성화 되어 있는 것처럼 보이나 이것도 기업인들의 '눈치보는 모금 운동'이라 할 수 있다. 더욱이 가족부양에 의한 아동 및 노인복지도 고령화, 핵가족 및 맞벌이 부부로 말미암아 정부가 개입한, 새로운 시설보호사업(노인요양사업)이 필요로 하게 되었다. 이러한 시설보호사업을 예방하기 위하여서는 무엇보다도 사회보장제도의 내실화에 있다.

한편, 우리 나라의 사회복지는 전문성과 민주성이 결여되어 있다. 심지어 민간복지부문도 관주도형, 즉 관치주의가 판을 치는데 이로 인하여 자율성, 창의성, 전문성, 민주성이 결여되어 있다. 이러한 것은 지양되어야 한다.

출처 ; 「지방자치제와 사회복지의 과제」 머리말, 집문당 (1997. 3)

참된 사회복지협의회로 탄생해야 한다.

최근 민간복지에 대한 관심이 많다. 정부는 자원봉사진흥법과 공동모금지원법을 제정하였고 기업 및 복지재단에서도 사회복지시설에 대한 지원을 많이 행하며, 학교 및 언론기관에서도 자원봉사 활동을 하나의 교육 과정 및 자원봉사의 교과자료로 삼고 있다. 이와 같이 민간복지에 관심이 많은 것은 여러 가지 의미가 있으나 최근 자본주의의 발달로 생긴 공동체의 해체를 복원하기 위한 노력이라고 볼 수 있다.

우리 나라의 전통적 사회복지 활동은 이젠 거의 파괴되었다고 해도 과언이 아니다. 비록 사회복지시설, 교회, 기업의 경우 등이 있으나 자생력이 약하고, 빈약한 정부 중심의 사회복지시책이 거의 전부라 할 수 있다. 다시 말하면 지방자치단체가 주로 해야 할 사회복지시책도 국가정책화 되어 있었기 때문에 민간복지의 종속성이 대단히 강하다. 그리하여 자주적인 민간복지활동이 불가능하였다. 그 좋은 예가 '한국사회복지협의회'라 할 수 있다. 한국사회복지협의회는 사실 민간복지센터로서의 조직과 역할이 수행되어야 하는데도 그렇지 못하였다. 한국사회복지협의회는 정부의 재정지원에 의존하기 위하여 법정단체가 되었고 보건복지부의 위탁사업만을 수행하였다고 해도 과언이 아니다.

그러나 80년대 말, 민주화와 90년대 지방자치시대에 있어서 이것에 걸 맞는 지역사회복지협의회로 재 탄생될 필요성이 있다. 그리하여 학계와 한사협은 자구책으로서 지방자치단체에 사회복지협의회가 독립법인으로 설립되고 지역사회복지협의회의 기능을 수행하도록 사회복지사업 법령 및 정관 개정안을 제안하였다. 그럼에도 불구하고 정부는 최근 민간복지의 활성화를 위하여 한국사회복지협의회의 기존 회원을 해산하고 보건복지부 차관이 위원장이 된 5인 위원회가 새로운 회원을 임명하여 재 조직하겠다는 것(사회복지사업법 시행령 입법예고안, 1996. 9. 30)은 새로운 형태의 관제 협의회를 만들겠다는 것이다. 이것은 관치 만능주의의 발상이라 할 수 있다.

이러한 발상에 대하여 많은 비판이 있었지만 이것을 수용하는 것이 바람직하다는 견해도 있었다. 이것이 우리 민간복지계의 현주소이다. 민간복지활동은 자율성과 민주성 및 전문성이 보장되지 않으면 실패한다. 비록 시간이 걸리더라도 지방자치단체별 사회복지협의회가 조직되고 활성화될 때 민간사회복지, 나아가 우리 나라 사회복지계의 희망이 있는 것이다. 그간 비민주적 정치 및 행정풍토로 자생적 민간조직이 발달하지 못하였지만 민간의 자발적 복지조직이 활성화 되면 사회복지사업은 시민운동으로 전개될 수 있고, 따라서 시민권의 발달로 복지사회는 발달할 수 있는 것이다.

그리하여 우리는 민주화 및 지방자치 시대에 알맞은 지역사회복지협의회의 방향을 제시하기 위하여 그간 선진국가와 우리 나라의 경우를 분석하여 보았고, 한국사회복지협의회의 개혁방안을 제시하여 보았다. 이 소책이 지역사회복지에 관심을 가진 분에게 조금이라도 도움이 되고 지역사회 발전에 기여하였으면 하는 것이 저자의 바람이다.

출처 ; 「지역사회복지협의회」 머리말, 한복연 출판부(1997. 3. 1)

5) 아동·노인복지론

지역사회 중심의 청소년정책이 필요하다

우리나라의 청소년 문제는 해마다 심각한 사회문제로 나타나고 이것에 대한 대응책도 주로 치료적이거나 보호적인 차원에서 접근하고 있다. 즉 범죄 및 비행청소년을 위하여 치안행정과 교정행정이 있고 가출 및 보호소년을 위하여 복지행정이 있다. 비록 예방적이거나 교육 및 취업을 위하여 교육행정과 노동행정이 있으나 이것은 주로 학생과 근로자를 대상으로 하고 있다. 이러한 청소년은 법적 보호를 받게 되지만 법적 보호권에서 제외되어 있는 청소년들(예컨데 무직자, 부랑아, 가두직업청소년, 재수생 등)이 대단히 많다. 비록 법적 보호를 받는 청소년들이라도 건전한 심신을 단련할 수 있는 여가 선용을 제대로 할 수 없어서 비행화되는 경우가 많다. 따라서 이러한 청소년을 위한 대책이 시급한 것이다. 이러한 대책을 기존의 정부 부서가 수행하기 어렵고 오히려 지역사회 중심으로 지방행정이 다룰 수 있으리라고 생각한다.

최근 정부는 '청소년육성법'을 제정하여 기존의 청소년정책을 조정하고 동시에 새로운 청소년정책을 개발하기 위한 노력을 경주하고 있다. 기존의 청소년 정책은 대만과 마찬가지로 일제시부터 내려온 문교부와 청소년 단체 중심의 활동이었다. 그리하여 정부는 새로운 노력을 경주하기 위한 새로운 청소년정책부서의 필요성이 있는지를 알아보고, 필요하다면 어떠한 방향으로 기본

구상이 이루어져야 되는가를 우리가 연구한 적이 있다.

그러한 결과, 청소년정책의 많은 문제점을 발견할 수 있었다. 기존의 청소년정책이 치료적이었는데 비하여 일반청소년의 예방사업의 개발이 절실하다는 것을 알게 되었다. 특히 지역사회 중심의 스포츠와 레크레이션 및 문화예술활동을 적극 개발\하여야 될 것 같다. 나아가 기존의 청소년정책에서 소외된 청소년들을 위한 사회교육, 고용 및 상담서비스도 매우 절실하였다. 그 뿐만 아니라 기존의 청소년운동이 학교와 단체 중심이었는데 이것도 지역사회(지자체) 중심과 전문지도자(청소년지도사)에 의하여 전개되어야 할 것을 알게 되었다.

그리하여, 이러한 청소년정책을 효과적으로 수행하기 위하여 청소년정책 전달체계의 확립, 청소년사무소의 설치, 청소년지도자의 양성 및 청소년단체의 육성, 여가, 상담 및 사회교육에 관한 프로그램 개발, 청소년연구원의 설립, 자원봉사자의 활용, 청소년기금의 육정 등 많은 구체적 방안이 모색될 수 있었다.

이러한 내용의 정책연구 결과가 1988년 5월에 보고된 후 체육부 청소년 정책의 수립에 참고가 되었고, '한국청소년연구회' 등이 탄생하였다. 최근 청소년정책에 대한 관심이 증가하고 특히 이 보고서를 찾는 분이 많아서 출판하기로 하였다.

출처 ; 「청소년정책연구」 머리말, 공저, 한복연 출판부 (1990. 12)

아동보육은 아동교육과 다르다.

1991년 영유아보육법이 제정되고 문민정부의 3개년 계획('95~'97)에 의하여 아동보육사업이 급속히 발달하였다.

우리 나라 아동보육사업은 영세민과 맞벌이 가정의 자녀를 위하여 1960년대 어린이집으로 시작되었지만 1980년대 유아교육 진흥정책으로 변신된 적이 있고 1990년대 아동보호의 중요성으로 다시금 영유아보육사업이 나타나게 된 것이다. 이러한 변화로 아동보육이 유아교육의 개념으로 오해 되기도 하지만 아동보육 즉 영유아보육은 아동의 발달욕구를 충족하고 여성(주부)의 사회참여를 위한 아동 및 가족복지서비스라 할 수 있다. 법령상으로도 영유아보육법은 사회복지사업법에 속해 있다.

우리 나라에 있어서 아동보육의 개념은 보호서비스와 교육서비스를 매우 강조하고 있으나(소위 Educare라 함) 선진 국가에서는 아동의 건강 또는 놀이를 매우 중요시 하고 있다. 최근 우리 나라에서도 이러한 변화가 일어나고 있다. 아동보육사업은 이러한 프로그램을 통하여 아동의 신체적, 정서적, 사회적 발달을 도모하고 보호를 하는 것이다.

선진 국가에서는 아동보육기관을 대개 아동보호센타 *child care center*라 하고 일본의 경우 보육소라고 한다. 그런데 우리 나라 아동보육사업에 대한 올바른 이해가 되어 있지 않고 오히려 유아교육사업으로 인식하는 경우가 많다.[36] 심지어 보건복지부가 발행한 아동보육 프로그램이 거의 유아교육 프로그램이었다. 그래서 우리는 아동보육의 개념과 내용을 사회복지 또는 아동복지의 측면에서 체계화시킬 필요성을 절감하였다.

우리하나에 있어서 아동보육이라는 개념은 영유아보육법에서 찾아볼 수 있다. 영유아보육법에 의하여 보호자가 근로 또는 질병, 기타 사정을 보호하기 어려운 유아를 심신의 보호와 건전한 교육을 통하여 건강한 사회성원으로 육성함과 아울러 보호자의 경제적, 사회적 활동을 원활하게 하여 가족복지 증진에 기여한다는 것이다. 즉 아동보육을 아동의 보호와 교육의 통합된 개념으로 본다. 사실, 과거 유치원 등에서 조기교육의 개념으로서 보육이라는 말이 사용되었고, 또 영아원, 육아원 등에서 무의탁 아동보호의 개념으로도 사용되었다. 아동복지법에서는 가정의 보호를 받지 못하는 기아, 고아 등 무의무탁한 아동은 시설수용보호의 대상이지만 일반 가정의 아동 중에서 영세민이나 맞벌이의 자녀들은 탁아시설(어린이집)의 보호대상이 되었다.

출처 ; 「아동보육개론」 초판 머리말, 공저, 한복연 출판부 (1999. 3)

---

36) 더욱이 영·미·북구 등 선진국가에서는 대학과정에 유학교육학과과 설치되어 있는 경우를 찾아보기 어려운데, 우리나라의 경우 많은 대학에 설치되어 있다. 심지어 1980년대 초에 폐지되었던 '유아교육 진흥법'을 되살리기 위하여 최근 유아교육법이 제정된 것을 보면 놀라운 일이다.

아동복지제도의 결함이 문제아동을 만든다.

최근 우리나라 아동복지분야에 많은 변화가 일어나고 있다. 그러한 변화의 핵심은 지난 30여년간 우리나라 아동복지학계의 대종이었던 시설수용보호(예, 고아원)가 약화 되어 가고 어린이집이 새로 진흥되는 새마을유아원으로 변모되어 가는 것이다. 전자는 가출아가 감소되고, 동시에 특히 해외입양사업으로 말미암아 새로 증가되는 기아 · 미아의 시설보호수용이 예방되었음을 의미한다. 그리고 후자는 유아교육의 중요성이 강조되어 유료 유치원화되어 있던 무상탁아소(어린이집)가 모두 호기를 맞아 변신되고 있음을 뜻한다. 그러나 입양사업의 확대나 유아교육의 강화가 우리나라의 현실적 아동문제를 효과적으로 해결할 수 있는 방법인가는 한번 곰곰히 생각해 볼 필요가 있다. 그러한 방법의 강화가 아동문제의 가장 효과적인 처방이 될 수 있는 것은 아닌 것 같다. 보다 근본적인 예방적 처방이 강구되어야 할 것 이다.

지난 해 아동복지법이 전문개정된 중요한 배경이 이러한 현실적인 아동문제를 효과적으로 예방하고 기존의 아동복지사업을 개선하기 위한 필요성에서 발상되었지만, 그 결과가 만족스러울 정도는 아니라고 생각한다. 지난 해 우리는 이러한 아동문제와 아동보호사업의 문제점이 무엇이고 이것을 효과적으로 해결하기 위한 방안이 무엇인가를 알기 위하여 광범위한 조사연구를 시작하였다.

지난 10년간 보호아동의 발생경향을 보면, 이가는 약간 증가되었고 미아는 현상 유지적이며 부랑아는 감소되고 있다. 만약 입양 등 기타보호가 이루어지지않으면 기아보호시설은 증설하여야 되고 부랑아시설의 경우도 막대한 증설과 투자가 요망된다.

보호아동의 발생원인을 보면 ①가정빈곤 ②가족결손 ③ 미혼모와 불륜 ④ 아동장애와 질병이다. 따라서 우리나라 보호아동의 발생원인이 주로 가족해체에 있다.

한편 현존하는 아동복지 전달체계는 아동복지지도원과 경찰관이 보호아동을 발견하면 기아와 부랑아 일시보호소(사회복지법인에 위탁운영)에 입소시키고 그 일시보호소에서 보호조치가 이루어지고 있다. 그러한 결과 전문기관인 아동상담소(시, 도립)가 소외되어 있다. 따라서 아동상담소의 요원을 전문화 및 강화시켜 아동복지 전달과정에 있어서 중심적 역할을 수행하도록 개입시켜야 한다.

그러한 결과, 기존의 아동복리법과 아동보호시설(고아원 등)이 존재함으로서 오히려 요보호아동을 만들어내고 있다는 것을 알게 되었다. 당시의 문제아동은 주로 빈곤가정과 결손가정의 아동 등인데 이들은 가출하여 적절한 사회적 보호를 받지 못하고 있었다. 이들을 상담, 조치하는 정부의 아동 상담소가 부족하고, 또한 그 기능을 발휘하지 못하고, 6·25 전란시에 발달한 아동보호시설(고아원 등)에 수용되어 있었다. 이러한 시설과 종사자만 발달하여 있었다. 그래서 불필요한 예산 낭비가 심하였다. 참으로 불행한 일이다.

출처 ; 「한국아동복지연구」 머리말, 공저, 한복연 출판부 (1983. 5)

참된 아동보육 프로그램은 무엇인가?

우리나라에서 사용되고 있는 유아보육 프로그램은 주로 교육프로그램이라 할 수 있다. 이 교육프로그램은 주로 미국에서 발달한 자유주의 보육사상에 기초해 있다.

미국에서 지배적인 아동프로그램은 주로 NAEYC가 개발한 '발달상 적절한 실천(Developmentally Propriate Practice)'이라 할 수 있다.[37] 최근 아동프로그램은 교육기관 또는 보호기관의 차별성을 강조하지 않는 경향이 있다. NAEYC의 경우를 보면, 역시 자유주의 교육이론에 기초하여 있고, 일본의 보육소 지침도 그것을 많이 모방하고 있다. 그러나 보호를 강조하고 있는 미국의 Head Start나 일본의 보육소 지침은 그것과 약간 차별화 하려고 노력하고 있다.

그런데 우리나라의 경우 미국과 일본의 아동프로그램을 그대로 활용하거나 모방한 경우를 많이 볼 수 있는데, 과연 그러한 것이 우리나라의 문화적 가치와 사회적 배경에 알맞는 것인지 검토할 필요가 있다.

우리가 개발하려고 하는 아동보육 프로그램은 분명히 유치원 등에서 사용하는 유아교육 프로그램과 달라야 한다. 아동보육은 단순히 아동의 교육서비스 즉, 지적 발달 뿐만 아니라 신체적, 정서적, 사회적 발달을 위한 보육서비스가 되어야 한다. 더욱이 아

37) NAEYC는 National Association for Early Young children의 약칭이다.

동보육은 대개 종일반을 위한 서비스이지만 유아교육은 종일서비스가 불가능한 것이다. 따라서 유치원 종일반을 운영하려면, 그것은 교육보다도 보육서비스가 제공되어야 하고, 동시에 보육프로그램이 필요한 것이다.

그리하여 우리는 아동보육 프로그램을 개발하기 위하여 다음과 같은 이유 때문에 분명히 아동교육의 개념이나 내용 및 프로그램이 달라야 한다는 것이다.

첫째는 아동보육은 아동복지의 개념이다. 따라서 아동보육은 아동복지, 사회복지의 이론에 의하여 접근해야 한다. 즉 아동의 발달상 욕구에 따른 보육서비스 및 프로그램이 마련되어야 한다.

그리하여 유아보육 프로그램의 영역이 우리나라 전통적인 복지욕구인 의·식·주와 서구적 복지욕구인 소득·보건·교육·주택·교통·환경 등을 가미하여, ① 보호, ② 사회성, ③ 교육, ④ 놀이, ⑤ 사회서비스의 영역으로 대별하였다.

둘째는 지금까지 아동보육이론이 주로 조화관에 기초한 기능이론이 지배적이다. 그러나 아동의 발달과 사회화 즉, 성격형성이 부모와 교사 및 친구간의 역할 의존, 즉 조화에 의해서만 발달하는 것이 아니라 그들간 이익대립 및 관심의 차이에 의한 갈등에서도 가능하다. 따라서 갈등이론에 입각한 보육프로그램을 개발하여 본다.

셋째, 아동보육 프로그램이 주로 미국식 자유주의적 아동중심의 보육프로그램이 개발되어 아동의 자율성과 창의성을 함양시키는데 기여하겠지만, 탈인간성(이기심), 탈사회성의 과제를 극복하는데 기여할 수 있는 집합주의적 사회성 즉 이타심과 협동 및 공동체 형성에 기여하는 보육프로그램의 개발이 필요하다.

넷째는 아동보육 프로그램은 아동의 발달욕구에만 근거할 것이 아니라 부모의 사회적 욕구와 사회적 필요성, 즉 주부의 사회참여, 비행, 빈곤, 박탈, 결손가정, 지역해체에 근거하여 개발하여야 한다. 아동의 발달욕구에 기초한 보유프로그램은 기본모형이 될 것이고, 사회적 필요성이나 특수한 욕구(장애 등)에 기초한 경우 선택모형이 될 것이다.

다섯째는 우리나라 아동보육 프로그램은 지역, 계층 및 직장에 따라 그 특수성이 존재할 수 있기 때문에 이것을 대도시(중산층, 저소득층), 중소도시, 농어촌, 그리고 직장(화이트칼라, 근로자)별로 시설유형에 따라 보육프로그램을 개발하여야 한다.

여섯째는 유아보육 프로그램의 주제는 먼저 보육지표체계를 작성하고 하위 소지표를 개인 · 가족 · 친구 · 시설 · 지역사회의 차원에 따라 구체적인 프로그램 주제를 설정하였다. 이와 같이 만들어진 프로그램의 주제가 프로그램의 영역별로 150여개가 된다.

일곱째는 각 주제별 프로그램은 ① 목표, ② 방법, ③ 대상(인원), ④ 준비물(예산), ⑤ 과정, ⑥ 소요시간, ⑦ 교사의 역할, ⑧ 응용방법(방향), ⑨ 평가를 담기로 하였다. 주제별 프로그램은 지역(대도시, 중소도시, 농어촌) 및 계층(중산층, 저소득층, 직장)별로 자료집이 필요하다.

출처 ; 「아동보육 프로그램의 기본모형」 머리말, 공저, 한복연 출판부 (1998. 8)

선진국 아동보육제도는 교육보다 놀이 중심이다.

우리는 아동보육 프로그램을 개발하기 위하여 선진국의 아동보육 제도와 프로그램을 검토할 필요성이 있었다. 보육프로그램은 보육제도에서 비롯될 수 있었기 때문에 먼저 보육제도를 고찰하고 그러한 제도의 특성에서 나타난 보육프로그램의 내용과 특성을 파악하여 보았다.

우리가 검토하려고 하는 아동보육의 개념은 아동의 보호 뿐만 아니라 교육의 개념이 통합된 것, 소위 Educare라 할 수 있다. 그리하여 교육분야의 유아교육 뿐만 아니라 복지분야의 아동보호(탁아)에 관한 제도와 프로그램을 다루려고 한다. 물론, 아동보육시설로서 예체능학원, 속셈학원, 어학원, 유학원, 영아원 등이 있으나 수용보호시설과 영리를 추구하는 아동시설은 제외하고, 비교적 공공성이 강한 아동보육시설을 다루기로 하였다.

우리는 이러한 시설의 지침이나 프로그램을 알기 위하여 각국의 문헌조사를 주로 하였지만, 특히 미국과 일본 그리고 호주와 뉴질랜드의 경우는 현지 방문을 통하여 자료를 수집하고 탐방조사도 행하였다.

아동보육 제도와 프로그램이 비록 나라마다 상이하지만, 1970년대 이후 미국의 아동발달이론이나 프로그램을 선진 국가에서도 많이 사용하고, 제도상으로는 유치원과 아동보호소(탁아소)가 분리되어 있으나, 아동보육 프로그램은 그것에 따라 분리하지 않고 통합되어 있는 경향이 있다. 그러나 유치원이 사교육화 되어 있는 나라에서는 프로그램이 임의적으로 사용되고 아동보호센터(영어권) 또는 보육소(일본)와 같이 정부의 재정지원을 받는, 소위 공보육화 되어 있는 경우 정부의 지침, 즉 정부가 마련한 프로그램을 운영하고 있다.

우리나라에서도 이러한 경향이 있으나, 제도상으로는 변형된 형태(유치원의 종일제 등)가 존재하고 프로그램은 미국과 일본의 것을 모방하는 경향이 있다. 과연 이러한 현상이 바람직한 것인가에 대해서는 여러 가지의 의문점이 있다. 아직도 아동발달 욕구와 사회적 필요성에 대한 많은 연구가 이루어져 있지 않기 때문에 그러한 현상이 불가피한 것으로 생각할지 모르나 이미 선진국가에서는 잘 못된 프로그램과 그 운영에서 비롯된, 여러 가지 문제점(예컨데 탈인간성, 탈사회성 등)을 극복할 필요성이 있음이 지적되고 있다.

그리하여 우리는 최근 급속히 발달하고 있는 아동보육시설에 적합한 프로그램을 개발하기 위하여 광범위한 연구를 하였다. 이러한 연구의 일환으로서 먼저 주로 선진국가의 아동보육 제도와 프로그램을 고찰하여 보았다.

출처 ; 「선진국 아동보육제도와 보육프로그램」 머리말, 공저, 한복연 출판부(1998)

교구중심 아동보육이 인간성을 상실한다.

'우리나라의 아동보육, 특히 아동교육에 가장 큰 영향을 미친 것은 존 듀이의 자유주의 교육이론(사상)이라 할 수 있다. 프뢰벨 등 전통적인 교육이론도 우리나라 아동교육의 초기에 영향을 미쳤으나 오래 가지 못하고 존 듀이의 영향을 받은 피아제, 몬테소리 등의 교육이론(사상)이 강력한 영향력을 발휘하고 있다.

오늘날 이러한 자유주의, 개인주의, 교구중심주의 그리고 아동중심의 보육이론이 아동발달에 미친 영향이 긍정적인 면도 있지만, 부정적인 것이 더 많다. 자유주의 교육사상이 아동의 자율성과 창의성을 개발하는데 많은 기여를 하였지만, 아동의 탈인간성 및 탈사회성이 초래되어, 전인적 교육이나 사회통합 및 지도자적 자질을 함양하기 위한 교육 또는 보육이 필요하다고 많이 주장한다.

이러한 과제는 현행 아동의 교육과 보육을 위한 프로그램의 개혁이 필요하여 새로운 이론(사상)에 기초한 프로그램의 개발이 아쉬운 것을 의미한다. 자유주의적 교육사상이 주로 미국에서 지배적인 조화관에 기초한 기능주의 이론이지만, 주로 유럽에서 발달한 갈등이론이 아동발달과 사회발전에 기여할 수 있다고 생각한다. 따라서 사회갈등관에 기초한 보육이론 즉, 신갈등이론이나 신기능론에 입각한 보육프로그램이 개발되어야 할 것 같다.

한편, 우리나라에 필요하고 적합한 보육프로그램을 개발하기 위하여 기존의 교육 및 보육프로그램의 실태와 평가를 해 볼 필요가 있었다. 그리하여 먼저 그간 우리나라 유아교육 및 보육프로그램에 영향을 미친 보육이론을 분석하여 보고, 나아가 정부가 개발한 보육프로그램이나 그에 대한 지침을 분석하기로 하였다. 또한, 우리나라 유아보육프로그램을 개발하기 위하여 먼저 아동과 부모의 보육욕구가 무엇인지를 파악(조사)하기로 하였고, 현재 운영하고 있는 보육시설의 보육프로그램을 평가 하였다.

그러한 결과, 보육프로그램의 영역에 대한 중요도와 비중에 관한 결과를 보면, 보육시설에 종사하는 시설장이나 보육교사들은 교육보다도 보호, 건강, 그리고 사회성을 중요시하고 있음을 알 수 있다. 그러므로 '보육사업지침'(1997)애서 제시한 유치원 교육과정과 유사한 구분은 잘못된 것이다. 보호와 건강, 그리고 사회성개발에 중점을 둔 아동용 보육프로그램의 개발이 요망된다.

그리고 현재 실시되고 있는 보육프로그램의 문제점은 '다양한 프로그램의 부재', '아동의 발달이론을 제대로 반영하지 못함', 그리고 '유아교육 프로그램을 그대로 사용'하는 순으로 조사되었다. 아동의 발달단계와 사회적 필요성에 입각한 다양한 프로그램들을 포괄할 수 있는 보육프로그램의 기본 모형을 개발하여야 한다.

우리나라의 아동 및 보육 이론 그리고 그 프로그램에 영향을 미친 주요한 학자들, 특히 존듀이, 피아제, 몬테소리의 이론을 검토하고 이것의 대안으로서 다렌도르프와 코저의 신갈등이론을 고찰한다.

출처 ; 「아동보육 욕구와 보육프로그램 평가」 머리말, 공저, 한복연 출판부 (1998.4)

한국노인복지제도의 실상은 무엇인가?

최근 우리나라에서도 노인복지에 대한 관심이 매우 높아지고 있다. 이러한 관심은 선진국가에서 이미 보아온 바이지만 우리나라의 경우는 선진국가의 노인인구에 비하여 아직 매우 적지만 그들의 노후 생활문제는 매우 심각한 편이다. 왜냐하면 조기퇴직, 수명연장, 자녀별거, 핵가족화 등으로 전통적인 가족부양 기능이 약화되고, 반면에 노인의 욕구가 급속히 증대하기 때문이다. 최근 경로우대제에 대한 정부와 정당 및 노인회 간의 줄다리기가 그 좋은 예라고 할 수 있다.

이러한 노인복지에 대한 관심은 노인회 뿐만 아니라 정부 및 학계에서도 대단히 높아서 지난 5년간 노인복지에 관한 저작물이 많이 나왔다. 특히 금년에만 하여도 노인복지에 관한 용역보고서가 3종이 나왔다.[38] 이와 같이 대량으로 연구결과가 나온 것은 노인복지와 학문발전을 위하여 매우 반가운 일이라고 하지 않을 수 없다. 그러나 아직도 연구가 되지 않고 있는 노인문제와 노인복지의 영역이 대단히 많다.

지금까지 우리나라 노인복지정책은 다른 선진국가의 경우에 비하면 거의 없는 형편이다. 미국의 주요한 노인복지정책이 노인급식이고 일본의 경우는 노인보건이라 할 수 있는데 우리나라의

---

38) 「노인단독가구실태에 관한 연구」, 한국인구보건연구원, 1989
「노인문제 종합방안 수립을 위한 분야별 연구」, 정무장관(제 2)실, 1989
「한국의 사회복지 장기발전계획-보고안-」, 사회복지장기발전위원회, 1989

경우는 지적할 만한 것이 없다. 최근 말썽이 된, 기존의 경로우대제(공사시설이용 할인제)까지 축소시키려는 정책발상이 나올 정도이니 한심하기 그지 없다. 이러한 정책발상은 아직도 노인복지, 또는 사회복지를 자선사업, 구호사업으로 인식하는 데서 비롯된 것 같다. 이러한 발상의 대전환이 시급히 요구되고 있다.

노인복지를 위한 정책발상의 시급한 대전환은 이번에 실시한 조사연구에서도 발견할 수 있었다. 특히 노인의 복지욕구가 대단히 많았고, 복지의식이 대단히 높았으며, 기존의 복지시책에 대하여 매우 비판적이었음을 알 수 있었다. 그리하여 이러한 욕구를 합리적으로 해결할 수 있는 전문적 방안을 모색하기 위한 노력을 행하였다.

그러한 노력의 결과가 「현대노인복지정책」과 「한국노인복지정책연구」의 이름으로 출간되었다. 전자는 주로 각 국의 노인복지정책을 소개한 것이고 후자는 금년에 실시한, 서울특별시 노인복지정책수립을 위한 노인실태조사와 그것에 기초한 정책개발이다.

이번 조사연구에서 단순한 실태분석에 그쳤던 과거 많은 정책조사연구의 전철을 밟지 않으려고 노력을 하였다. 그러다 너무 제한된 시간에 이것을 수행하려다 보니 충분한 분석과 합리적인 정책개발이 되지 못하였다. 이번의 조사연구결과가 우리나라 노인복지정책의 수립이나 학문적 연구에 조금이라도 보탬이 되었으면 하는 것이 우리의 바람이다.

출처 ; 「한국노인복지정책연구」 머리말, 한복연 출판부 (1989. 12)

효과적인 재가노인복지는 무엇인가?

최근 노인인구는 급속히 증가되고, 반면에 가족해체, 도시화 및 맞벌이 부부의 증가 등으로 노인보호·부양의 문제가 커다란 사회적 과제로 대두되고 있다. 노인문제가 급속히 증가하면서 고령노인을 시설에 수용·보호하는 경향이 나타나고, 이것이 오히려 새로운 사회문제(기노, 시설병, 비용 증가)를 초래하게 되어 탈시설화 정책방향이 나타나고 있다.

우리나라와 같이 가족 및 사회적 조건이 유사한 일본의 경우 지난 10여년 동안 급속히 노인보호사업, 특히 재가노인복지사업이 발달하고 있다. 예컨데 고령자 노인복지 대책 10개년 계획, 즉 골든플랜, 신골든 플랜 등을 수립, 실시하다가 엄청난 노인보건비 등으로 공적 개호보험제도를 만들었다.

선진 국가에서는 시설보호 보다도 가정보호, 특히 재가복지서비스가 발달하고 있다. 우리나라의 경우 아직도 선진 국가에 비하면 가족보호(부양)가 발달되어 있지만 선진국가의 전철을 밟지 않기 위해서도 세제개혁 뿐만 아니라 재가노인복지 서비스를 발달시킬 필요가 있다.

그러나, 우리나라의 경우 이러한 과제에 대하여 매우 소홀히 하다가 지난 해 노인복지법이 전문 개정하여 재가복지사업을 명문화 시키고 있지만 매우 초보적인 사업들이다. 그리하여 재가노인복지사업과 그 프로그램 그리고 그 전달체계는 확립되어 있지 못한 실정이다. 이에 대한 효과적인 방안을 모색할 필요성이 있다.

서울시의 재가노인복지사업은 다른 지방광역단체에 비하여 선도적인 사업을 전개하고 있지만, 기존의 노인복지사업, 즉 가정도우미, 방문간호사업, 경로당, 노인학교, 노인종합복지관 등의 활성화나 이것과 연계사업을 제대로 발달시키지 못하고 있다.

우리가 선진국의 시설보호와 보호보험의 전철을 밟지 않기 위하여 재가복지사업을 강화, 활성화 시키고 그 전달체계를 개선할 필요가 있다.

첫 째는 다양한 재가노인복지시설과 노인여가시설, 노인의료시설, 노인주고시설을 지역사회중심으로 확충하고 그 프로그램을 개발한다.

둘 째는 재가노인의 기본 욕구가 보건·의료·주거·레크레이션 등이기 때문에, 특히 의료와 보호시설의 욕구가 많은 고로 복지와 보건의 업무가 통합된 서비스가 제공되어야 한다.

셋 째로 노인복지의 욕구를 효과적으로 관리하고 전문적 서비스를 제공하기 위하여 「노인복지상담소」(가칭) 와 같은 기구를 설힙하여 노인욕구의 상담·감별·의뢰할 수 있는 「조치권」이 확립되어야 한다. 이 조치권은 전문가가 수행해야한다.

넷 째로 재가복지사업은 선진국가의 경험을 보면, 운영 주체와 재원이 국가정책화 되어 있는데 이것을 민영화, 유료화 하게 되면, 저소득층의 가족해체가 심화된다.

출처 ; 「재가노인복지서비스 전달체계개선」머리말, 편저, 한복연 출판부 (1998. 10)

6) 빈곤정책론

선진국 빈곤정책은 무엇인가?

빈곤은 사회과학 및 사회정책에 있어서 가장 중요한 과제이다. 이것을 해결하기 위한 많은 연구와 정책이 개발되고 있지만 빈곤은 더욱 심화되고 있다.

빈곤은 옛날에도 있었지만, 특히 자본주의 사회에 있어서 이것이 심화되는 것으로 간주되고 있다. 이것을 해결하기 위하여 서구에서는 복지국가가 나타나게 되었고 소련, 동구, 중국, 북한 등에서는 프로레타리아 혁명 등에 의하여 사회주의 국가가 나타나기도 하였다. 그러나 최근 소련과 동구권의 사회주의 국가가 국민대중의 빈곤화를 막지 못하여 스스로 붕괴되었고 서구 복지국가에서는 국가의 재정위기에 직면하여 최소정부 또는 민영화 정책을 강력히 추진하고 있는 것을 볼 수 있으며, 미국에서는 흑인폭동에 의하여 빈곤대책을 강구하지 않을 수 없게 되었다.

이러한 빈곤문제를 해결하기 위한 정부 및 민간의 노력은 어느 시대, 어느 나라에서도 꾸준히 전개되고 있다. 우리가 이상시하고 있는 서구 복지국가의 경우에도 빈곤 및 사회보장정책 등에 지출되고 있는 공공비용이 국민 총생산의 3할이상이 되지만 이것은 국민의 기본적 욕구 즉 소득, 보건, 교육, 주택 등 민생문제를 해결하여 국민의 폭력화를 예방하기 위한 것이다. 그러나 국민총생산의 나머지 7할은 자본주의의 발전, 즉 빈부격차와 같은 사회불평등을 촉진하는데 투자되고 있는 것이다. 따라서 아무리 복지국가일지라도 빈곤은 약화되지 않고 강화되는 것이다. 하물며 우리나라와 같이 국민복지에 투자되는 공공비용이 국민총생산의 6%에 불과한 경우 이러한 국민복지 뿐만 아니라 빈곤문제를 더욱 악화 시키는 결과를 빚게 된다. 그리하여 우리는 정부가 적극적으로 빈곤과 복지문제를 해결하도록 목소리를 높여야 되는 것이다.

출처 ; 「빈곤이론과 빈곤정책」 머리말, 편저, 한복연 출판부 (1992)

——— ○ ———

빈곤개념은 소득보다도 불평등 개념이다.

빈곤은 사회과학 및 사회정책에 있어서 가장 중요한 연구과제이다. 과거 빈곤은 나라도 구하지 못한다는 말이 있었지만 이것은 잘못된 말이다. 그리하여 빈곤을 해결하기 위하여 많은 연구와 정책이 개발되고 있지만 빈곤은 더욱 심화되고 있다.

빈곤은 자본주의 사회에 있어서 생산수단의 사적 소유권과 상속 그리고 자유시장에 의한 소득과 자원의 불공평한 분배로 말미암아 심화되었다. 이러한 빈곤문제를 해결하기 위하여 서구에서는 복지국가가 나타나게 되었고, 소련, 동구, 중국, 북한 등에서는 프로레타리아 혁명에 의하여 사회주의 국가가 나타나기도 하였다. 그러나 최근 소련과 동구권의 사회주의 국가가 국민대중의 빈곤화를 막지 못하여 붕괴 되었고, 서구 복지국가에서는 국가의 재정위기에 직면하여 최소 정부 또는 민영화 정책을 강력히 추진하였으며 미국에서는 노동연계 복지정책을 강화하고 있다.

이와 같이 빈곤문제를 해결하기 위한 정부 및 민간의 노력은 어느 시대, 어느 나라에서도 꾸준히 전개되고 있다. 우리가 이상시 하고 있는 서구 복지국가의 경우에도 빈곤 및 사회보장정책 등에 지출되고 있는 공공비용이 국민총생산의 3할 이상이 되는데 이것은 국민의 기본적 욕구, 즉 소득, 보건, 교육, 주택 등 민생문제를 해결하여 국민의 폭력화를 예방하기 위한 것이다. 그러나, 국민총생산의 나머지 7할은 자본주의의 발전, 즉 빈부격차와 같은 사회불평등을 촉진하는데 투자하고 있다. 따라서 아무리 복지국가일지라도 빈곤은 약화되지 않고 더욱 강화된다. 하물며 우리나라와 같이 국민복지에 투자되는 공공비용이 국민총생산의 약 10% 미만인 경우 국민복지 뿐만 아니라 빈곤문제를 더욱 악화시키는 결과를 빚게 된다. 그리하여 우리는 정부가 적극적으로 빈곤과 복지문제를 해결하도록 목소리를 높이는 것이다.

일반적으로 경제학자들은 빈곤의 개념을 소득개념으로 파악하는데 이에 대하여 사회학자들은 소득 보다도 불평등, 박탈, 또는 권력의 개념으로 파악하여야 된다고 주장한다. 그런데 우리나라의 경우 아직도 선진국가와는 달리 최저생계비에 기초한 빈곤정책(기초생활보장사업)을 수행하고, 심지어 기초생활수급권자도 절대적 빈곤층의 약 50%에 불과한 실정이다.

이러한 생활보호사업은 반세기가 넘게 일본과 우리나라에서만 실시되는 자산조사에 의한 차별적 구빈정책으로, 이제는 우리나라 빈곤정책도 예방적인 보편적 사회보장정책에 통합시키도록 해야할 것이다.

편자는 그간 빈곤문제에 대한 연구 결과를 이미 「한국빈곤연구」(한국복지정책연구소, 1990)라는 단행본으로 발간한 적이 있다. 그런데 그간 빈곤에 대한 국내외 주요 문헌에 대한 문의가 많아서 이것을 소개할 필요성을 느끼게 되었다. 그리하여 특히 외국학자들의 빈곤에 관한 논문들을 소개하기로 하였다.

여기에 소개되는 빈곤이론 및 빈곤정책에 관한 논문은 주로 영미학자들의 견해이지만 이것은 빈곤연구의 고전적인 것이며, 또한 우리나라의 경우를 소개하기 위하여 김진이 교수의 논문 3편을 추가하였다. 그리고 이 책의 제 2, 5, 6, 15장은 이해를 돕기 위하여 편자가 각 절의 적절한 제목을 붙였다.

이번에 이 책을 발간하는데 고 심재호 교수(목원대)의 도움이 많았다. 그는 이 책에 수록된 논문을 번역·교정하는 최종 작업을 주도하였다. 건강이 좋지 못한데도 불구하고 무리한 작업을 하느라고 고생이 대단히 많았다. 거듭 감사를 드린다.

이 책이 빈곤과 빈곤정책에 관심을 가진 분들에게 조금이라도 도움이 된다면 그 이상의 보람이 없겠다.

출처 ; 「빈곤이론과 빈곤정책」 머리말, 편저, 고헌출판부 (2010)

우리나라 빈곤의 실상은 어떠한가?

우리나라의 빈곤·빈민은 일제시대부터 식민지 정책의 결과로 말미암아 빈농, 부랑노동자의 형태로 대단히 많이 존재하여 왔으나, 해방 후에는 주로 귀향동포와 월남동포의 천막촌, 6·25전란으로 인한 피난민의 판자촌 등이 그 대명사가 되어 왔다. 특히 1960년대 이후에는 이촌농민 등으로 형성된 영세민촌이 전형적인 빈곤·빈민의 대명사가 되어 왔다. 이러한 영세민촌(100가구 이상)이 아직도 전국적으로 2,729개가 된다고 한다.

이러한 영세민촌은 이촌농민이 임금노동자로 제대로 취업하지 못한 상황에서 이들은 강변 등에 판자촌을 형성하였고, 또한 정부는 이들을 강제 철거하여 오늘날 영세민촌을 형성하였던 것이다. 또한, 공업화 중심의 경제개발정책으로 말미암아 농촌·농민이 몰락하여 많은 농민이 빈곤하게 되었으며 이들 중에 이촌한 경우도 많으나 빈농을 형성하는 경우도 많다.

정부는 이러한 절대적 빈곤·빈민이 현재 전체 국민의 약 1할이 된다고 말하고 있으나 사회조사의 결과는 약 2할 이상이 된다. 만약 상대적 빈곤 개념에 의한다면 그 비율은 대단히 높다.

최근 이러한 빈민의 계급적 성격을 몰락한 임금노동자 또는 반프롤레타리아 등으로 규정하는 경우가 있는데 이것은 우리나라 빈곤·빈민의 역사적 성격을 본다면 그렇게 단정하기는 어려울 것 같다. 왜냐하면 빈곤·빈민도 역사적, 사회적 산물이기 때문에 그 나라의 역사적, 사회적 발전(변화)에 조응된 형태로 나타나기 마련이다. 따라서 과거로 갈수록 그러한 성격규정은 더욱 잘못된 것이고 자본주의가 발전된 상태에서는 그러한 견해는 더욱 타당성을 지닐 수 있다.

저자는 그간 우리나라 빈곤·빈민의 실태를 파악하고 빈곤에 대한 효과적인 대응책을 탐구하는 데 주로 관심을 가졌다. 우리나라의 빈곤문제는 공업화가 본격적으로 시작된 1960년대에 있어서 농촌의 궁핍으로 이촌 노동력이 대단히 많았고 이들 중에서 공업노동자가 되지 못한 사람이 가두노동자, 가출청소년, 가정부(식모), 행상 등으로 나타났으며 이러한 천민노동자의 대부분은 공업노동자화 되었다. 당시 이촌노동력의 약 2/3가 공업노동자로 되었으나 나머지는 주로 천민노동자 또는 영세민을 형성하였다.

우리는 이들의 구체적 실태를 파악하기 위하여 1960년대 부터 많은 조사를 행하였다. 그 결과를 주로 「사회복지연구」(중앙대 사회복지학회 간행)에 발표되었다. 그리고 우리나라 빈곤·빈민의 실태를 파악하기 위하여 1970년대부터 전국적인 빈곤조사와 서울시·광주시 등의 빈곤조사를 행하였다. 이러한 조사결과는 「사회정책연구」(한국복지정책연구소 간행)에 발표한 바 있다. 최근 이러한 조사연구 결과에 대한 자료요청이 많아서 단행본으로 간행하기로 하였다.

출처 ; 「한국빈곤연구」 머리말, 한복연 출판부 (1990. 3)

탈 시설보호는 빈곤과 결손가족의 예방 사업이다.

우리나라에 있어서 가장 오래 되었고 전형적인 사회복지사업이 시설수용보호라 할 수 있다. 특히 6·25 전쟁 이후 발생된 전쟁미망인과 그 자녀를 보호하기 위한 시설보호사업과 거택보호사업이 매우 발달하였다. 이러한 시설보호와 거택보호사업이 그 간 성격이 약간 변화되고 있었지만 크게 변화되지 못하였다.

저자가 1972년 서울특별시의 아동복지정책수립을 위한 연구용역을 수행하면서 발견하게 된 것이 기존의 사회(아동)복지제도가 사회변화에도 불구하고 그것이 개혁되지 않으면 새로운 사회문제를 만들어낸다는 것이다. 즉 아동복지법에 의하면 18세 미만의 무의무탁 아동을 수용·보호하게 되어 있는데 전쟁이 끝난지 18년이 지났음에도 불구하고 오히려 수용아동과 보호시설이 증가되고 있다는 것은 큰 문제이다. 이러한 가설은 아동 뿐만 아니라 노인, 장애인, 부랑인 등 모든 시설보호에서도 적용될 수 있고 심지어 비복지분야에서도 적용되리라 생각한다.

그런데 최근 비인가시설과 그 곳에 수용보호되어 있는 노인과 장애인 및 아동이 매년 증가하고 있다. 사회복지이론에서는 탈시설화가 가장 바람직한 것으로 주장되고 있는데 오히려 그것이 역행되고 있기 때문에 참으로 놀라운 일이다. 이들은 기존 전문시설 보호를 받을 수 있는데도 불구하고 비인가시설에서 보호를 받고 있는 것은 큰 문제이다. 이들은 기본적으로 가족해체, 특히 가족부양 기능의 상실에서 비롯되고 있다. 이와 같이 시설보호의 문제가 나타나는 것은 주로 우리나라의 요보호자, 즉 빈곤은 일차적으로 가족해체에서 비롯되고 정부의 요보호자에 대한 조치권의 부재에서 비롯되고 있는 것이다.

최근 미국에서도 복지개혁이 이루어졌는데 그 기본 정신과 방법을 가족의 무한책임과 탈의존, 자기충족(self-sufficiency) 그리고 노동연계복지(workfare)에서 찾고 있다.[39] 우리나라에서도 살아져가는 가족부양 기능을 되살리기 위한, 가족의 무한책임을 위한 복지개혁이 이루어져야 한다.

최근 우리나라에서도 특히 고령노인의 가족보호가 어렵고 시설보호가 필요하기 때문에 일본, 독일 등에서 볼 수 있는 '공적 개호보험'을 도입해야 된다고 주장하고 있다. 이것은 스웨덴이나 영국의 노인보호정책처럼 그리고 현행 우리나라 노인보호(재가보호와 시설보호)의 국가정책화에서 해결할 수 있는 것이다. 즉 별도의 노인요양 보험이 필요하지 않다.

출처 ; 「빈곤, 가족해체, 시설보호」 머리말, 중앙대 출판부 (2000)

39) 미국 사회복지개혁위원장인 Elwood와 Bane의 저서, 「빈곤지원」과 「복지실체」의 서평을 참조할 것, 「사회정책연구」 제 18집, 제 19집, 한국복지정책연구소, 1997~1998.

< 부론 1 >

역사 연구와 사회과학

- 한국의 사풍에 대한 제언 -

1. 역사주의

많은 학자들이 인간의 사회현상을 다루는 방법으로서 역사주의 또는 역사적 접근방법이란 용어를 흔히 사용한다. 특히 사회과학에서 과거의 역사현상을 다루는 경우에 그렇게 지칭하고 있다. 과연 역사주의 또는 역사적 접근방법이 과학적 방법론으로서 정립될 수 있는가에 대하여 의문이 간다.

저자는 역사주의가 사회과학의 방법론이 될 수 없고 다만 학문의 관심 또는 자세에 불과한 것이라고 생각한다. 역사주의란 개념을 어떠한 내용으로 발전시키느냐에 따라 하나의 방법론으로서 정립시킬 수 있겠지만, 그것은 어떠한 명백한 사관과 사론이 규정되어 있는 것이 아니기 때문에 현재로는 어려울 것이다. 사회과학에서 다루는 모든 문화와 사회 현실이 그 자체가 역사적 산물이고 또한 역사적 사건이란 것도 사회구조적 산물인 것이다. 따라서 어떠한 현상이든 그것은 역사성과 사회성을 동시에 구비하여 있다. 오늘날 역사성과 사회성이 가장 결여된 사회과학의 대상으로 인식되어 있는 인간의 행위도 엄격히 따진다면 그러한 성격을 지니고 있다.

그럼에도 불구하고 오늘날 많은 사회과학자들은 인간의 행위와 사회의 현상이 역사성 및 사회성과 유리되어 있는 것으로 간주하고, 그것의 탐구 방법으로서 자연과학적 방법론을 강조하고 있는 경우가 대단히 많다. 비록 사회과학적 방법이라 하더라도 다양한 사관과 사론이 있을 터인데 어찌하여 역사 연구에 있어서 비사회과학적 입장을 취하고 있는지 이해가 잘 되지 않는다. 오늘날 우리나라의 많은 사가들도 사관과 사론을 혼용하고 있는 경우가 많은가 하면, 그들이 내세우고 있는 과학적 방법론에서는 사회과학적 인식을 찾아보기가 대단히 힘든 경우가 많은 것이다. 특히 젊은 사가들에 의하여 종래의 사풍을 지양하고 많은 학문적 업적을 내고 있지만 그들의 역사연구에 있어서 가장 특징적이라 볼 수 있는 ① 민족주의적 사관과 ② 실증주의적 사론이 사회 과학적 방법론의 인식과, 이의 토대에서 입론되어야 학문의 생명이라 할 수 있는 객관성과 과학성을 찾아 볼 수 있고, 또한 그들의 업적이 더욱 빛날 수 있다. 그러나 이것만으로는 과학적 방법이라 자부할 수 없다.

그러면, 여기에서 사관과 사론을 중심으로 한 한국의 사풍에 대하여 사회과학적 입장에서 보면, 특히 방법론에 있어서 어떠한 문제점이 있고 이것을 지양하기 위한 방법으로서 어떠한 노력을 해야할지 저자 나름대로 평소에 느끼는 것을 지적하여 볼까 한다.

2. 사관(史觀)의 주체성

사회를 보는 눈은 여러 가지가 있을 수 있다. 그러나 사회를 어떻게 보느냐에 따라 그 모양이 달라질 수 있다. 일반적으로 서양의 사상사에는 두 가지의 사회관이 크게 대립되어 있다고 한다. 하나는 사회질서가 사회 성원들의 가치합의, 즉 일반의지에 의해서 형성되고 다른 것은 사회질서가 사회 성원들의 가치합의, 즉 일반의지에 의해서 형성되어 있다고 한다.[40] 전자의 사회관은 보수이론으로서 지배자의 철학이 되었고,

---

40) Ralf Dahrendorf, *Class and Class Conflict in an Industrial Society*, Routledge & Kegan Paul. Ltd, 1959, p.157
김영모, 사회과학의 양대 방법론, 「한국사회학」, 법문사, 1972 참조

후자의 경우는 진보이론으로서 피지배자의 이익을 옹호하는 대중의 철학이 되어 왔던 것이다.

사회가 일반의지에 의하여 형성되어 있다면 가장 이상적인 것이고, 따라서 이러한 사회관이 가장 바람직한 것이라 할 수 있다. 그러나 불행히도 사회는 성립과 동시에 사회적 불평등이라는 대립된 사회구조가 나타나게 된 것이다. 그리하여 지배자는 대립된 사회를 하나의 통합된 사회질서를 이루기 위하여 유사한 일반의지를 조장하고 오히려 이것이 통치이론으로 나타나게 된 것이다. 그러나 사회는 대립되어 있고, 이것이 잠재된 상태에서는 조화의 사회관이 존재할 수 있겠으나, 그렇지 못한 경우에는 갈등이 사회관이 더욱 타당성을 가질 수 있는 것이다. 즉 사회의 발전원리는 이 두 개의 사회관에서 찾을 수 있을지 모르나, 아직도 이에 대한 양론이 대립되어 있는 것을 보면 역사와 사회의 현실성은 어느 한편에 절대성을 부여하고 있는 것이 아닌 것 같다.

사회발전을 조화의 철학에서 찾는 학자들은 갈등을 사회악 또는 사회질병으로 간주하고 이것이 사회를 분열시키고 역기능을 행한다고 한다. 그러나 갈등의 철학은 오히려 갈등이 사회발전의 씨앗이고 사회조직의 건설적, 통합적 요인이며 협동과 더불어 사회적 기능을 수행한다고 한다. 만약 역사를 발전이란 개념에서 본다면 분명히 현실성과 기능성으로 보아서 갈등의 철학, 즉 대립의 사회관이 더욱 타당성을 갖게 되는 것이다. 그러나 역사를 그렇게 보지 않고 심지어 순환으로 보는 경우도 조화의 사회관을 갖는 경우가 많은 것이다. 이러한 사회관의 타당성은 개인과 학자의 관심에 의해서 결정될 성질의 것이 아니다. 그것은 사회의 역사적, 구조적 성격에 의해서 결정될 수 있는 것이다.

김영모, '신갈등이론',「한국사회의 이해」, 한국복지정책연구소 출판부, 1999 참조.

만약 우리의 주체적 입장에서 본다면, 우리나라의 역사성과 사회성에 기초한 사관과 사론이 정립될 수 있는 것이다. 오늘날 우리나라의 사가들 중에서 비교적 주체적인 입장에 서 있는 학자들이 국사의 주체성을 개발하기 위한 사관으로서 민족주의 사관으르 내세우고 있다. 종래에 민족주의 사관이 없는 것은 아니지만 식민주의 사관 또는 어용사가들에 의하여 제대로 빛을 발휘하지 못하였다. 이것은 현재의 역사적 현실에서도 그 타당성을 찾아볼 수 없는 것은 아니지만 사가들은 아직 과거의 역사적 사실에 대한 탐구노력에서 그러한 입장을 취하고 있는 것이다.

우리나라의 사풍(史風)은 이러한 역사의 사회성에 기초하여 성립되어야 한다. 다시 말하면 우리의 역사는 외세에 의한 식민성과 사회적 대립성이 지배되어 있는 것이 그 특징이다. 따라서 사가들이 민족주의 사관을 가진 것은 타당한 것이고, 동시에 사회의 대립성을 이해하기 위한 계급사관 내지 계층사관이 제시될 수도 있다. 오늘날 민족주의 사관이라 하면 자칫 우물안 개구리식의 폐쇄적 인종주의적 색채가 매우 강한 것으로 지적하는 사람도 있으나 이것은 민족주의에 대한 오해와 혐오 또는 사대주의 또는 세계주의자의 자기 합리화에서 비롯하고 있다.

오늘날 민족의 개념도 대단히 변질되고 있다. 민족의 전통적 개념은 인종, 부족 등의 혈연성과 지연성에 기초해 있으나, 현대에는 언어와 종교 등의 문화와 사회성에 입각하여 규정하려고 하여 나아가 정신과 이익성에 기초하여 규정하려고도 한다. 이것은 민족의 성원이 정치, 경제, 사회, 문화의 동질성과 이익성을 기초로 한 공동체에 의하여 자기의 이익이 보장되고 국가와 민족의 이해 관계에 의하여 국제사회가 존립하고 경쟁하기 때문에 자기의 국가와 민족 중심의 자각과 영광을 위한 노력에서 연유되고 있는 것이다. 이러한 민족적 이익은 비록 분단된 조국일지라도 존재하고 외세의 강력한 영향하에 있을 때 더욱 그 가치가 고조

된다.

일반적으로 후진국가에서 볼 수 있는 복합사회 또는 이중사회는 대개 언어와 종교에 의하여 민족적 이익을 판별할 수 있다. 자국의 지배층은 식민 모국의 언어를 사용하고 종교를 수용하여 식민주의자와 일체감화 또는 동일화 하려고 한다. 따라서 식민지의 지배층은 식민주의자의 이익과 일치되고, 그러한 문화적 공동체, 즉 민족을 형성하지 못한 원주민은 피지배계층이 된다. 이러한 경우에 민족적 이익은 지배자에 의하여 보장 받기 어렵다.

사실 우리의 역사가 오랫동안 외세에 의하여 지배되어 왔고, 오늘날에도 외세의 영향이 강력히 존재하고 있는 실정에서 이것이 강조되어도 때늦은 감이 있다. 일제의 식민지 시대에도 민주주의자가 빛을 보지 못했고 해방 후에도 계속 거세되었다. 이것은 국제 사회에 있어서 약소 민족의 비애라 할 수 있다.

해방 후에도 민족주의 사관이 빛을 보지 못한 것은 우리나라의 국제적 지위에 있어서나, 또는 그간의 국민교육에 있어서 세계인을 길러내기 위한 소위 홍익인간의 시민교육 때문이다. 따라서 오늘날 젊은이는 정신적으로 국적 없는 한국인이 되어 버린 것이 아닌가 걱정된다. 이러한 민족적 주체성이 결여된 한국인에 의하여 우리의 참된 근대화가 이루어지기 어렵고 이러한 여건 하에서 근대화가 이루어진다면 한말의 경우처럼 개화=식민지화라는 정치적 사회적 변화를 초래할 위험성이 있는 것이다. 그러므로 우리 민족은 오랫 동안 언어와 혈연의 동질성이 강하고 역사적 운명공동체였기 때문에 한가지의 요인 또는 차원에서 규정하기 어려울지 모르나 오늘날 국제사회의 다양성과 다원화로 말미암아 주체적 다수의 입장에서 민족의 개념을 다양하게, 그리고 다원적으로 규정할 필요성이 있다. 민족은 인류평화라는 면에서 공존성을 가질지 모르나 국제

사회에 있어서는 항상 배타성과 자율성을 지녀야 한다.

오늘날 계급사관이라 하면 대단히 오해를 하고 있는 사람들이 많은데 이것은 잘못된 이해에서 비롯되었다. 계급과 계층의 의미도 다르지만[41] 계급사관을 프롤레타리아사관, 또는 유물사관과 동일시하는 사람들은 그들의 계급 사관에 대한 오해에서 일어나고 있는 것이다. 계급사관은 프롤레타리아 사관, 또는 부르조아 사관과도 다른 것이다.

계급은 사화관계(생산관계)에 있어서 불평등, 즉 지배와 복종 또는 대립된 사회구조를 의미하는 것이지 프롤레타리아트 또는 부르조아지의 일 계급을 의미하는 것은 아니다. 계급의 사회적 개념이 과거의 전통적 개념과도 많이 달라졌고, 그것은 사회변화의 결과에서 초래된 것이지만, 우리나라의 경우에도 벌써 그러한 고전적 개념만으로 이해하기는 아주 어려운 실정이다.

고전적 개념은 부르조아지와 프롤레타리아트의 두 계급이 적대적으로 대립하여 존재하고 중간계급은 몰락한다고 하였지만 산업사회에 있어서는 급속한 역할분화로 인하여 오히려 중간 계급이 증가되고 종래의 부르조아지와 프롤레타리아트의 개념조차 그 성질이 매우 달라져 그 개념을 그대로 사용하기가 어려운 것이다. 그래서 오늘날의 계층이론이 나오기도 하지만 우리나라의 경우는 이것으로도 이해하기가 어렵다. 따라서 계급은 다만 사회적 불평등을 표현하는 개념이기 때문에 이에 기초한 계급사관이 필요하는 것이다. 왜냐하면 계급사관이 없으면 역사의 사회적 성격을 과학적 객관적으로 정확히 이해하고 해석하기가 대단히 어렵기 때문이다.

공산주의자의 계급사관은 프롤레타리아 사관을 의미하고 자본주의자

---

41) 김영모,「현대사회계층론」, 한국복지정책연구소 출판부, 1982/1999(개정), 제 1장 참조

의 사관은 부르조아 사관을 의미할지 모르나 그 밖에도 중간계급의 사관이 존재할 수 있는 것이다. 사실 이러한 사관은 역사의 주역이 누구였는가, 또는 누가 역사의 주역이 될 수 있는가에 대한 학자들의 주관적 견해에 의하여 나올 수 있는 것이다. 만약 자기의 연구결과에 의하여 상술한 사관을 주장하고 이것을 권장하는 것은 좋을지 모르나 학자들이 아직 그러한 주장을 자신있게 할 수 없다면 계급사관에 의하여 접근하여 보는 것이 매우 타당성을 가지고 있으리라 생각한다. 그러한 후에 자기의 역사 철학이 나올 수 있는 것이다. 저자의 소견으로는 프롤레타리아사관은 급진적인 사회변혁을 그들에 의존하여 실천해 보려는 생각에서 나온 것 같고, 지금까지의 역사발전이란 것은 보편적으로 그것 보다도 오히려 중간계급에서 나온 엘리트들이 역사의 주역을 담당하지 않았는가 생각한다.

3. 사론(史論)의 과학성

역사를 연구하는 방법은 사관에 따라 여러 가지가 있을 수 있다. 그러나 지금까지 발전된 대표적인 방법은 전술한 두 가지의 사관에 기초하여 있다. 하나는 조화의 철학에서 볼 수 있는 행위이론(behavior theory)이고 다른 것은 대립의 철학에서 볼 수 있는 갈등이론(conflict theory)이다.

갈등이론은 사회구조의 분석요인으로서 사회적 갈등을 지적하고, 이것은 인간의 사회적 역할, 즉 사회집단간 또는 집단내 이해관계의 차이에서 일어나고 있다고 한다. 그러나 행위이론은 사회체제의 분석요인으로서 인간의 사회적 행위를 지적하고, 이것은 행위자가 상황에서 어떠한 가치 또는 동기지향의 선택에 의하여 일어난다고 한다. 이와 같이 전자는 사회갈등에 의하여 사회현상을 규명하려 하고, 후자는 사회행위에 의하여 사회현상을 밝히려고 한다. 이러한 사회갈등과 사회행위는 모두 역사성을 지니고 있기 때문에 과거의 사회 현상을 알아야 현재를 분명히 할 수 있고 미래의 사회 현상과 인간 행동을 예측할 수 있는 것이다.

그러나, 행위이론은 오늘날 인간관계 또는 인간행동의 사회심리적 분석에 주요 관심을 가졌고 절대이론이기 때문에 역사적 접근에 무관심하였다. 아무리 역사성의 본질이 발전, 분화, 변동 등의 근대성을 지니고 있다고 할지라도 사회구조의 분석에 있어서 갈등이론에 의해서 모든 것이 가능하다고 보기는 어려울것 같다. 왜냐하면 사회현상이 반드시 대립성을 갖는 것이 아닌 경우가 있고, 지난 날의 사회구조 및 사회현상을 이해하는데 그러한 구조적 갈등보다 개인의 역할이 더욱 중요할 수 있기 때문이다.

사실 사회적 갈등은 인간의 사회적 역할과 사회적 행위 또는 행동을 이해함으로써 해석이 가능한 경우가 많은 것이다. 그러한 경우에는 사회적 행위의 주체인 인간의 퍼스낼리티를 알아야 되겠고, 그 포스낼리티는 가족, 직장, 가문, 지역사회 등의 사회적 기관에 의하여 형성되기 때문에 이들에 대한 성격분석이 필요한 것이다. 이러한 사회화 기관에 대한 분석은 인간의 생산, 권력 및 권위구조에서 파악할 수 있기 때문에 갈등이론에서도 가능하겠지만 행위이론에서도 그 분석이 대단히 필요하고 가능한 것이다. 따라서 역사현상을 규명하는데 있어서 비록 생생한 자료가 빈곤할지라도 문헌조사에 의하여 그들의 생산관계, 권위구조, 권력, 행동가치 등을 어느 정도 밝힐 수 있다. 그리하여 이것을 해석하는 데는 양방법론에 의존하지 않고서는 대단히 어려운 것이다.

그럼에도 불구하고 다수의 사가들은 사관과 사론이 분명치 못한 경우가 대단히 많고, 대부분 선배의 연구방법을 그대로 모방하고 있는 실정이다. 또한 그것이 비록 있다고 하더라도 역사연구에 있어서 사회과학적 방법론의 이해가 매우 빈약한 것 같다. 그렇기 때문에 사론의 대부분이 사료의 나열이란 성격을 지닌다. 이것만으로 사학(史學)이라 할 수 없다. 그것은 사가(史家)가 아니더라도 할 수 있다.

오늘날 우리나라 사학계에 있어서 사론의 대표적인 특징이 ① 실증주의적 방법인 동시에 ② 개별주의적 접근방법에 의존하여 있다고 지적할 수 있다. 이것은 일제시 창설된 震檀學會 회원들의 대표적인 역사연구의 방법론이고 이들의 학문적 영향으로 우리나라 사학의 정통성을 유지하고 있는 것이다.

저자가 여기에서 말하고자 하는 것은 이러한 방법이 잘못되었거나 불필요하다는 것을 것을 강조하려는 것이 아니고, 이것만으로는 한국사의 객관적 과학적 규명이 매우 어렵다는 것이다.

사실 앞서 말한 바와 같이 실증주의라는 것은 사회과학의 방법론이 되지 못하고, 이러한 방법론에 객관적 사실을 제공하는 학문적 기여를 할 수 있는 지위와 성격을 갖기 쉽다는 것이다. 실증주의는 경험주의적 방법으로서 사회이론을 정립하는데 직관주의와 함께 양대주류를 형성하고 있다. 이 두가지가 모두 사회과학 방법론에 필요한 것이나, 충분한 것은 되지 못한다는 것이다. 따라서 전술한 사회과학의 양대 방법론의 이해 위에서 실증적 접근을 행하여야 될 것이다.

오늘날 우리나라의 실증주의 사가는 대부분 개별주의적 접근방법을 선호하고 있다. 이것은 사회성원의 다수 보다 개인의 힘이 강력한 경우에, 그리고 사례연구가 필요한 경우에 매우 요긴한 방법이다. 그러나 대중운동과 사상사의 이해를 위한 방법으로서도 이것을 주로 사용하는데 이것은 비록 왕조 중심의 정치사 연구의 전통적 타성에서 유래된 것으로 빨리 이를 탈피하여야 될 것이다. 사회 현상은 비록 전통사회일지라도 개인의 힘 보다는 대중 또는 다수의 힘이 크게 작용하고 그들이 역사의 주력을 이루기 때문에 이를 경시해서는 안될 것이다. 그 보다도 오늘날 민족주의 사가들이 대부분 개별적 실증주의적 방법에 의해서 역사이론을 구성하고 있는데 이것은 매우 위험한 것 같다. 왜냐하면 만약 식민주의자 또는 어용주의자들이 동일한 개별적 실증주의 방법을 사용하여 민족주의 사가의 업적과 이론을 번복시킬 수 있기 때문이다. 따라서 역사이론의 객관성을 높이고 어떠한 사관을 가진 사가에 의하여서도 자기의 이론이 부정을 당하지 않게 하기 위해서는 무엇 보다도 중요한 것이 사실에 대한 통계적 방법에 의한 집합적 실증주의의 사론을 정립하는 것이 무엇 보다 중요하다.

사실 개별적 실증주의는 사론의 정립에 있어서 많은 시간과 노력이 필요하고, 역사현상에 대한 미시적 분석과 사례연구로 말미암아 이론 형성과 학문에 있어서 그 생명이라 할 수 있는 보편적 법칙의 발견이 대단히 어려운 것이다. 보편적 원리는 발견된 사실의 일반화에서 그것의 형성이 대단히 어려운 것이 아닌가 생각한다. 다시 말하면 발견된 사실을 귀납하여 이론을 형성하였다 할지라도 그것의 효용성을 고려한다면 일생 동안에 자기의 노력에 합당한 대가로서 가치 있는 연구업적이 나왔느냐에 대해서 의심이 가지 않을 수 없다.

개별적 실증주의는 자료의 선택과 해석에 있어서 사관의 주관성을 벗어 나기 어렵고 집합적 실증주의는 객관성이 대단히 높다. 오히려 전자는 후자의 보완적 자료의 지위로서 가치가 있는 경우가 많은 것이다. 따라서 오늘날 매우 발전된 조사방법과 통계적 분석의 지식과 기술의 도입이 필요한 것이다.

4. 사가(史家)의 자세

오늘날 사가들의 학문적 자세를 가리켜 고증학이나 고증학에 전념하고 있다고 한다. 이것은 사가들이 현실을 외면한 채 자기의 지적 욕구를 과거사 연구에서 충족하려는 반지성적 경향을 빈정대는 것을 의미한다.

사가들은 이것을 오늘날의 학문적 풍토를 제약하는 외적 요소에 책임을 전가시키고, 그것에서 자기를 안주하며 또한 내적 충실화에서 자기를 변호할지 모른다.

이러한 사가들의 학문적 자세는 그들의 사관과 사론의 성격에서 나오고 있다. 다시 말하면 이것에 대한 사회과학적 인식이 약하기 때문이고, 특히 앞서 지적한 개별적 실증주의 사풍의 오랜 전통에서 비롯되고 있는 것이다.

이러한 사풍은 인접과학의 미발달과 이의 자극이 미약했기 때문에 초래된 것이 아닌가 한다. 특히 해방후 우리나라의 사회과학을 지배한 몰가치적 행동주의 행태이론의 학풍이 더욱 부채질한 것으로 생각한다.

만약 전술한 사회과학적 사관과 사론이 없으면 오늘날의 사풍에서는 현실긍정적 사학이나 현실도피 또는 무관심의 사풍이 형성되기 쉽다. 왜냐하면 역사적 사실에 대한 객관성과 과학성이 결여된 사풍은 비록 주체적 사관과 실증적 방법에 의하여 그의 성격이 밝혀졌다고 할지라도 이것을 무엇에 조준하여 해석하여야 될지 방황하기 쉽다. 즉 밝혀진 사실이 자기의 주관적 가치가 개재되어 현대적 또는 미래적 관점에서 평가함으로써 잘못된 해석을 가하기 쉽다.

저자가 생각하기에는 최근의 사회 현상에 대한 역사적 해석과 연구가 대단히 필요하고 긴요한 것 같다. 이것은 사회현상의 역사성 때문만이 아니라 그들의 전통성에 대한 이해가 깊고 주체적 사안을 다른 분야의 학자에 비하여 많이 가지고 있기 때문이다. 그럼에도 불구하고 사가들의 학문적 관심은 과거에서만 찾아 볼 수 있고 현재와 미래에 대한 관심은 대단히 미약한 것이다.

그리하여 사가는 현재의 학계와 대중으로 부터 멀어지게 될 가능성이 크고, 오히려 정책적 지원에 의하여 빛을 볼지 모르나, 그렇게 되면

될수록 민주적 사학의 발달은 늦어지게 마련이다.

5. 민족적 갈등사관

우리는 역사의 연구나 사회현상의 탐구에 있어서 무엇 보다 중요한 것이 사관의 주체성과 사론의 과학성에 있다고 지적할 수 있다.

주체적 사관은 역사와 사회의 현실성에 기초한 자주적 민족의식의 확립에서 가능하고 과학적 사론은 사회과학적 방법론의 인식에서 출발되어야 한다.

이러한 사관과 사론의 합일된 방향에서 역사를 연구하여야 식민사관이나 어용사관에 의해서도 사학의 객관성이 부정될 수 없다. 다시 말하면 민족적 갈등사관에 기초하여 전술한 사회과학적 방법론이 적절히 이용되어야 참된 한국의 사풍과 사학이 성립될 수 있을 것이다.

아직도 사가들이 종래의 편협된 사관이나 자기의 편견 및 오해에서 생길 사관과 사론을 고집한다면 한국 사학의 발전은 기대하기 어려울 것 같다. 특히 한국의 정통사학이라 할 수 있는 개별적 실증주의 사학, 소위 고증학은 하루 빨리 전술한 주체적 사관과 사회과학적 방법론을 수용하지 않으면 정치적 기류와 학술적 풍토의 여하에 따라 사풍이 흔들리게 될 것이다. 모처럼 개화되기 시작한 민족사관도 전술한 사회관을 갖지 못하면 하나의 쇼비니즘이나 어용사관으로 전락되기 쉬운 것이다. 그렇게 되면, 사풍의 악순환이 계속 일어나게 될 것이라는 것을 누구도 부인하기는 어려울 것이다.

(「문학과 지성」, 1973년 봄호, 일조각)

< 부론 2 >

朴대통령 탄핵과 정경유착 및 공안통치

- 최순실의 국정농단 사건 -

1. 서 론

최근 박근혜 대통령의 탄핵과 최순실의 국정농단 사건으로 일어난 촛불시위와 그 맞불시위가 온 나라를 떠들썩하게 만들었다. 추운 엄동설한에도 불구하고 주말마다 시청 및 광화문 광장에는 박근혜 대통령의 하야와 퇴진을 요구하는 100만 촛불시위가 전국적으로 13회 이상 일어났고, 또한 대통령 탄핵을 반대하는 친박 보수단체의 맞불집회(소위 태극기시위)가 일어나고 있다.[1)]

대통령의 하야 및 탄핵을 요구하는 촛불시위는 '우리나라에 권력서열 1위는 최순실이고 2위는 정윤회이며 3위는 박대통령'이라고 하고(前 청와대 민정수석실 박관천 경정) 심지어 '최순실과 박근혜의 공동정권'(하태경 국회의원, 창조경제혁신단장 차은택)이라고 하며 검찰은 이들을 '공범' 또는 '경제적 공동체'라고 한다. 그 만큼 최순실 비선실세가 대통령 제 1부속 비서관(정호성)이 보내준, 3년간 180건의 장차관과 수석비서관의 인사자료를 검토하고 추천권을 행사하였으며 청와대 수석 비서관 회의와 국무회의 자료를 열람하였다고 한다.

그 뿐만 아니라 이번 사건의 발단이 된 최순실의 청탁과 박대통령의

---

1) 박대통령 탄핵에 대한 리얼미터의 전국 여론조사결과는 찬성론자가 78.2% 이고 반대론자는 16.8%이다.

지시로 안종범 경제수석비서관이 전경련(이승철 부회장)을 통하여 53개 회원기업에게 '미르재단'과 'K스포츠 재단'에 774억원을 출연하도록 하였다. 그리고 이 두 재단의 실권은 최순실이다. 그 밖에도 박대통령은 삼성그룹 총수(이재용 부회장)을 통하여 최순실과 그의 딸 정유라에게 260억 원의 특별지원을 한 혐의를 받고 있다.

이러한 의혹이 제기되자 서울지검 특별수사본부장(이영렬 지검장)은 최순실(60세), 안종범(57세, 정책조정수석비서관)을 직권남용, 권리행사방해죄, 정호성(47세, 청와대 제1부속비서관)을 공무상 비밀누설죄로 구속 기소하였다. [2]

한편, 국회는 2016년 12월 주로 친박 의원이 제외된, 여야 의원 234명(78.3%)의 찬성으로 박근혜 대통령의 탄액소추안을 의결하였다.[3] 또한 국회는 박근혜 정부의 최순실 등 민간인에 의한 국정농단의혹사건 수사규명을 위한 '특별검사법'을 제정하여 특별검사(박영수)가 임명되었다. 특검은 삼성그룹이 박대통령과 최순실에게 준 뇌물공여금액을 약 430억원이라고 한다. [4]

---

2) 「경향신문」, 2016년 11월 21일자 참조.

3) 국회의원 탄핵소추사유는 헌법위반사항으로 ① 최순실의 국가정책개입(국민주권주의, 대의민주주의 등) ② 문체부 공무원 경질(직업 공무원제도 등) ③ 대기업 강제모금(재산권 보장, 시장경제질서 등) ④ 세계일보 사장해임(언론의 자유 등) ⑤ 세월호 7시간(생명권 보호 등) ⑥ 미르·K스포츠 재단 설립 모금(특가법상 뇌물, 직권남용 등) ⑦ 롯데그룹 추가 출연금 모금(특가법상 뇌물, 직권남용 등) ⑧ 최순실에 대한 특혜제공, KD코퍼레이션, 플레이그라운드, 포스코, KT, 그랜드 코리아 레저 등 관련(특가법상 뇌물, 직권남용, 등) ⑨ 연설문과 공문서 유출(공무상 비밀누설 등) 이다.

헌재는 이상을 5가지 심판쟁점, 즉 ① 비선조직에 따른 국민주권 위배, ② 대통령의 권한 남용, ③ 언론의 자유침해, ④ 생명권 보호위반, ⑤ 뇌물수수 등 형사범죄로 나누었다. (「경향신문」, 2016. 12. 23)

4) 삼성그룹이 최순실의 독일회사인 비덱스포츠와 맺은 220억원의 상담 계약, 최씨와 그의 조카 장시호가 운영하는 한국 동계 스포츠영재센터에 16억원 지

이번 국정농단의 사태가 벌어진 것은 주로 최순실이 임명한 고영태 미르재단 사무총장과 노승일 K스포츠 재단 부장의 제보로 최순실의 테블렛 PC가 JTBC에 공개됨으로써 비롯되었다.[5] 다시 말하면 미르재단과 K스포츠 재단의 모금을 주도한 안종범 경제수석과 문건을 유출한 정호성 비서관의 압수된 자료(수첩 등)에서 모든 사실관계가 드러나게 되었다.[6]

이에 반하여 촛불시위가 시작된 지 2개월 후에 소위 박사모와 일부 보수단체가 중심이 된 맞불집회(소위 태극기 시위)가 개최되었다. 이들은 촛불시위는 종북 좌파세력이 주도한다고 비판하면서 박대통령의 탄핵사유의 결정적 증거인 테블릿 PC와 청와대 비서관들의 수첩, 핸드폰까지도 모두 조작된 것이라고 주장한다.[7] 심지어 대기업인들의 재단출연금은 과거 정부에서도 있었고, 블랙리스트도 종북좌파 세력을 척결하겠다는 것인데 무엇이 문제인가 하는 식으로 반문한다. 그들은 4년 전 박대통령의 당선을 위하여 홍보했던 종편 방송과 보수 언론, 심지어 국회와 특검까지도 이제는 종북 좌파세력으로 몰고 있다.

원, 미르·K스포츠 재단에 204억원 출연금을 말한다. (「경향신문」, 2017. 1. 17)

5) 이들은 최순실이 없으면 박대통령은 아무것도 못한다고 한다.

6) 박대통령의 취임식 전후한 2013년 2월부터 이듬해 12월까지 최순실과 정호성 비서관이 휴대전화로 895회 통화하고 1197건의 문자메세지를 주고받았다. 그리고 검찰은 박 대통령의 '협의'를 알 수 있는 안종범 수석의 업무수첩 17권(510면)과 정비서관의 휴대폰, 녹음파일 236개를 확보하였다. (「동아일보」, 2016. 12. 12)

7) 태극기 시위대는 대형 성조기를 앞세우고 다니는 것을 볼 수 있는데 이것은 종미사대성을 보여준다. 박대통령 탄핵과 무슨 관계가 있는지 모르겠다. 태극기 집회에서 대통령 탄핵사건은 조작이라는 군복착용의 박사모 정광용 회장, 친박의원 김진태, 조월진, 윤상현, 이인제, 그리고 늦게 합류한 대통령측 대리인 김평우(前 변협회장), 이동흡(전 헌법재판관), 서석구 변호사가 헌재와 시위에서 한 막말 추태는 꼴불견이다.

이러한 박사모 등 소위 태극기 집회의 주장이 타당성을 가지고 있는지 의문이 간다. 명백히 들어난, 최순실과 박대통령의 뇌물공여 혐의 또는 제 3자 뇌물죄, 직권남용, 그리고 시민적 자유권을 말살하는 블랙리스트가 헌법과 법률에 위반된 범죄행위인데도 태극기 집회가 이것을 부정한다면 과연 친박 보수주의자는 부정부패를 옹호한다는 것을 누가 부정할 수 있겠는가?

이번 최순실과 박대통령의 국정농단사건은 그 실체가 언론과 특검을 통하여 자세히 밝혀졌기 때문에 본 고에서는 그것이 함유한 의미가 무엇인지를 검토하여 보려고 한다.

2. 박대통령과 최순실의 관계

검찰은 이번 국정농단사건의 공범으로 박대통령과 최순실을 지목하였다. 그리고 박대통령은 국정(인사권, 재단모금 등)에 최순실의 조언을 듣거나 심지어 청탁으로 운영하였다고 생각한다.

최순실은 부친 최태민의 소개로 박근혜를 만나게 되어 부친의 뜻대로 최순실이 박근혜가 국회의원, 대선후보 및 대통령 당선을 위하여 최선(선거자금, 연설문 등)을 다한 것 같다.

최태민 목사는 황해도 봉산군 출신으로 일제 말과 해방 후 순사, 경찰관 생활을 하였고,[8] 1971년부터 불교, 기독교, 천도교를 결합한 영혼

8) 1942년 일제시 황해도경 순사(3년)를 하였고, 해방 후 월남하여 강원도경 순사, 대전경찰서 경사, 인천경찰서 경위 등을 하였으며 1949년에 육군 1사단 헌병대 비공식 문관을 지냈다. 그는 1951년 사단법인 '대한비누공업협회' 이사장을 지내다가 1954년 여섯 번째 부인과 가정불화로 삭발 승려가 되었다. 1955년 다섯째 부인과 재결합한 후 비인가 학교장, 대한농민회 조사부 차장, 경남본부 사업부장, 중앙위원에 선임되고 1965년에 서울지검에서 유가증권혐의로 입건되자 약 4년간 도피생활을 하였다. 그는 개명을 7번이나 하였다.

합일설(일종의 최면술)을 주장하며 ‘영세교’ 활동을 잠시 하였다. 최목사가 박대통령을 만나게 된 것은 1975년 2월 말경 육영수 여사가 돌아가신 후 꿈에 3차례나 나타나 근혜를 도와주라는 현몽이 있었다는 서신을 보내 만나고 싶다고 하여 만나게 되었다고 한다. 박근혜를 만난 최목사는 1975년 ‘대한구국선교회’를 설립하고 ‘반공구국기도회’와 ‘구국선교단’을 만들어 목사 100명을 훈련시키기도 하였다. 그리고 구국선교회를 ‘구국여성봉사단’, ‘새마을 봉사단’으로 개칭하면서 자기는 총재로 취임하고 박근혜는 명예총재로 추대하였다.[9)]

최목사는 박근혜를 앞세워 이권개입 및 거액금품을 징수하였다고 한다. 그는 기업인을 구국봉사단 운영위원(재벌급 기업인 60여명)으로 위촉하여 1인당 2000만원에서 5000만원의 입단찬조비와 월 200만원의 운영비를 받아 사용하였다. (「최태민 비리 관련 중앙정보부 보고서」)

최태민의 구국여성봉사단이 말썽을 빚자 당시 대통령 비서실장(김정렴), 중앙정보부장(김재규), 민정수석비서관(박승규)의 건의가 잇따라 있었으나 소위 ‘친국’ 이 후[10)] 박근혜가 울고 불며 아니라고 최태민을 옹호하였다고 한다. 그 후 1999년 10.26 후 신군부는 새마을봉사단을 해체하였고, 1980년 육영재단(정수장학회), 영남대 이사장이 되면서 박근혜와 최태민의 측근들로 이사진을 구성하였다. 이 때 영남대 재단의 토지매각과 부정입학 등으로 축재하였다고 한다. (영남대 설립자 최준의 손자)

육영재단 운영에서 1980~1990년대 연 임대료가 20억 원이 되었다고 한다. 최순실이 육영재단 유치원 부원장을 지냈다. 그리하여 1993년에

---

9) 최태민은 박근혜와의 관계를 영혼의 부부라고 하면서 박정희 대통령에게 결혼을 허락해 달라고 간청하였다. (두 사람의 연령차이는 25세이다.)

10) 친국은 1977년 9월 12일 저녁 청와대에서 박정희 대통령이 직접 박근혜와 최태민 그리고 중앙정보부장 김재규와 특명수사 6국장 백장현 검사가 합석한 자리에서 심문한 것을 말한다. (친국은 조선시대 왕이 직접 심문한 것을 말함.)

단칸방에서 살았던 최태민 일가는 10년 만에 빌딩부자가 되었다고 한다. 이 영도 박정희 숭모회장에 의하면, 최태민 재산이 약 2천억원이 된다고 한다. 이러한 배경에서 박근혜와 최순실의 '공동지갑론'이 나온다.

최태민 목사는 사후 이 재산을 박근혜에게 주라는 유언설이 있다. 그러나 1994년 그의 급사후 처 임선이가 강남부동산에 투자하여 재산을 많이 증식하여 그의 세 자매에게 상속하였다. 또한 임선이는 박근령에게 아파트도 사주고 미국유학비도 주었다고 한다. 그의 세 자매는 현재 각자 약 2천억 원의 부동산을 소유하고 있다고 한다. 이러한 연고로 박근혜 가족과 최태민 가족의 '경제공동체설'이 나온다.

3. 정치모금과 정경유착

1) 대기업 출연금

박근혜 대통령은 2015년 7월 문화융성을 국정 4대 기조의 하나로 추가하여 한류 확산, 스포츠 인재양성 등을 위한 재단법인을 설립하기로 하였다. 박대통령은 안종범 경제수석[11]에게 전경련(이승철 부회장)을 통하여 54개 회원사들에게 미르재단과 K스포츠재단에 774억원의 강제 모금을 지시하였다. 박대통령은 7명의 대기업 총수들을 독대하면서 기업의 애로사항을 들으면서 많은 출연금을 요구하였다.

박근혜 정부는 상기한 미르재단, K스포츠재단, 청년희망펀드 등 6개 민간재단과 펀드 및 연구소에 낸 기업기부금이 약 2,164억 원이라고 한다. 박근혜 정부는 재정위기 해소와 복지재원 마련을 위한 증세요구에도

---

11) 안종범 경제수석은 1977년 성균관대 경제학과 학사·석사, 위스콘신대 경제학 박사출신으로 성균관대 교수로 재직 중 국회의원 (19대 비례대표 의원), 대통령직 인수위원(고용복지)을 지냈고 대통령 경제수석 및 정책조정수석을 지냈다.

기업경쟁력을 명분으로 이명박 정부가 인하한 법인세(25%에서 22%)를 유지하면서 기업기부금 2천억 원 이상의 준조세를 거두어 들였다.[12)]

이러한 모금은 30년 전 군사통치시절에 볼 수 있었던 것이다. 전경련 회장(허창수)과 재벌총수들은 '대통령이 헌금을 요구하면 기업하는 사람들은 그것을 거절하기 어렵다고 한다.

이 많은 돈을 대기업은 준조세라고 하지만 사실상 그들의 법인세를 탕감 받을 수 있기 때문에 해로울 것이 거의 없다. 그러나 국세(혈세)가 그 만큼 감소되어 국민의 조세부담은 가중되는 것이다. 또한 대기업은 정권으로부터 반대급부가 존재하기 마련이다. 예컨대 SK와 CJ그룹 회장의 특별사면, 롯데그룹의 면세점 허가 등이다.

이러한 정치적 헌금은 국가 기부금 사업으로 전액 조세감면의 특혜를 받지만, 다른 비영리 단체는 일반 국민들이 소액을 기부하지만 그 기부금은 전액 감면을 박지 못한다. 이와 같이 대기업의 정치적 헌금은 큰 이득을 보지만, 사회복지단체 등의 비영리 법인과 다수 국민들이 내는 소액 헌금은 차별을 받고 있다.

2) 삼성합병과 국민연금

특검은 삼성그룹(이재용 부회장)이 박대통령과 최순실 측에 준 뇌물 금액이 약 430억이라고 한다. 삼성이 2015년 8월 최씨의 독일 회사인 비덱스포츠와 맺은 220억 원의 컨설팅 계약과 조카 장시호의 동계 영재스포츠 센터에 16억 원 후원, 미르 및 K스포츠재단에 204억원을 출연하였다. 그리하여 특검은 이번 기회에 정경유착의 고리를 끊고 공정한 이윤추구를 하도록 이재용 부회장에게 구속영장을 청구하였다.

---

12) 「경향신문」, 2016. 10. 2. (제 22134호)

이러한 지원의 대가로 삼성그룹은 삼성물산과 제일모직의 통합이 이재용 부회장의 지배구조 개편과 경영권 승계를 위하여 국민연금공단이 찬성함으로써 5천 8백억 원의 이득을 취하고, 반면에 국민연금가입자는 그만큼 손해를 입었다는 것이다.[13] 그럼에도 불구하고 영장판사는 뇌물죄의 입증자료가 부족하여 그것을 기각하였다. 그 밖에도 롯데의 두 재단에 45억 원 출연, 하남 체육시설건립에 70억 원, SK의 재단출연금 11억 원, CJ그룹의 재단출연금 13억 원과 문화융합'벨트'사업에 1조 4천억 원 투자계획의 결과 특별 사면, 면세점 인허가 등 특혜를 받았다고 한다. [14]

이와 같이 박대통령과 최순실이 공모하여 대기업의 정치적 헌금에서 사욕을 취하였지만, 반면에 다수의 국민이 참여한 국민연금 기금은 손해를 본 것이다.(약 5천 8백억 원) 그럼에도 불구하고 박사모는 이러한 것을 애국행동이라고 하였다. 이러한 잘못된 정경유착의 심부름을 한 청와대 비서관과 복지부 장관들은 그 직을 유지할 수 있다.

국민연금은 대통령과 장관의 쌈짓 돈이 아니다. 연금가입자들의 기여금으로 노후퇴직 시 생계유지를 위한 것이다. 비록 현재의 연금급여는

---

13) 국민연금공단은 청와대 뜻과 복지부 장관의 지시로 삼성물산과 제일모직의 합병계획을 미국계 헤지펀드 엘리엇 매니지먼트의 반대에 부딪혔을때 전문위원회 의견을 듣지도 않고 투자위원회의 결정만으로 합병에 찬성하였다. 그 후 이재용 삼성부회장이 대통령을 독대하였고 삼성이 최순실의 독일 코레 스포츠에 35억원을 지원하였다는 것이다. 삼성 정경유착의 연결고리는 최순실 모녀를 위하여 약 78억원의 지원을 위한 박근혜(대통령)·이재용(삼성부회장)→안종범(청와대 정책조정수석)·장충기(삼성미래전략실 사장)→김종(문체부 장관)·박상진(삼성전자 사장)의 수직분업체계이다. (「경향신문」, 2017. 2. 14) 이것은 초대 비서실장 허태열의 부산고 동문인 최광 연금공단이사장과 경제부총리 최경환의 대구고 동문인 홍완선 기금운영본부장의 권력다툼에서 불거졌다. (「동아일보」, 2016. 11. 25 사설)

14) 「경향신문」, 2017. 1. 17 사설

용돈에 불과하지만 건강한 연금을 만들기 위해서는 국고보조금이 필요하다. 그런데도 불구하고 정부보조금이 거의 없으면서 축을 내고 있으니 자기들이 말한데로 국민연금은 장차 파산될 수 밖에 없지 않는가?

4. 사상검증과 관제데모

정부는 2014년 세월호 침몰사건 이 후 반정부적인 시위를 막고 친정부적인 여론을 조성하기 위하여 비판적인 반정부인사, 특히 문화예술계 인사들에 대한 지원을 배제하고 차별화 하기 위하여 소위 블랙리스트(black list)를 만들었다. 블랙리스트는 정부의 지원에서 배제 대상이 되는 9,000여명은 진보적 성향의 문화예술인들 명단이다.

박대통령은 2013년 9월 수석비서관회의에서 김기춘 전 실장과 수석비서관들에게 '국정지표가 문화융성인데 좌편향 문화예술계에 문제가 많다며 특히 롯데와 CJ 등 투자자가 협조를 하지 않아서 문제다.' 라고 말했다. 이듬해 1월 김 전 실장은 비서관과 행정관들에게 우파가 좌파 위에 떠 있는 섬의 형국이니 전투 모드를 갖추고 불퇴전의 각오로 좌파 세력과 싸워야 한다고 말했다. 그리고 김 전 실장은 2014년 4, 5월 당시 박준우 정무비서관(64)과 신 정무비서관에게 야당 정치인 지지를 선언하거나 정권 반대운동에 참여한 인사들을 좌파 성향으로 분류한 뒤 이들에 대한 정부 보조금 지원을 축소하거나 지원을 중단하라고 지시했다. 이 후 문체부 산하 문화·예술 기관에 몸담고 있던 다수의 인사들이 블랙리스트에 이름이 올랐다는 이유로 자리를 떠나야 했다.[15]

이것을 보면, 블랙리스트는 박대통령이 지시하고 김기춘 비서실장이 주도하여[16] 청와대 정무수석과 문화체육부 장관이 실시하였음을 잘 알

15) 「동아일보」, 2017. 2. 1

수 있다. 특검도 블랙리스트는 박근혜 대통령이 주범이고 김기춘 비서실장과 최순실을 공범으로 본다.

또한, 박대통령은 2015년 1월 진보성향의 작가가 쓴 문제도서를 문체부가 주관하는 우수도서 선정에서 배제할 것을 지시하였다.[17] 그 후 청와대가 문화계 블랙리스트를 활용하여 교양, 문화, 학술 분야의 도서 선정에 개입하는 등 문화계 전반의 검열과 통제에 나선 것이라고 한다.

한편, 청와대 김기춘 비서실장은 박준우 정무수석과 함께 친정부 여론조성을 원하면서 전경련(이승철 부회장)을 통하여 한국자유총연맹, 대한민국 어버이연합 등 10여개 극우단체에 재정지원을 하였다. 이러한 단체는 역사교과서 국정화 반대 등 관제데모에 동원된 인원에 일당 2만원 ~ 10만원의 수당을 지급하였다.

특검 등에 따르면 청와대와 재벌, 극우 단체의 유착은 2014년 부터 시작됐다. 당시 김기춘 대통령 비서실장의 지시를 받아 정무수석실 주도로 관제 데모 기획 회의가 열렸다. 삼성 측은 부인하지만, 회의에는 이승철 전국경제인연합회 부회장 외에 삼성그룹 미래전략실 전무 등이 참석해 집회 주제와 일시, 장소, 지원 단체, 지원 금액 등을 논의했다고 한다. 그 결과 지난 3년간 삼성, 현대차, SK, LG 등 4대 재벌에서만 70억원 가량이 건네졌다. 이 돈으로 극우단체들은 박근혜 정권을 위해 역사교과서 국정화 찬성과 세월호 유족 비난 집회를 열었고, 삼성 등을 위해 재벌개혁 반대와 노동법 개정 찬성 구호 등을 외쳤다. 노인을 앞세운 극우 단체 시위는 막무가내였고, 박근혜 정부하에서 불가침의 성역이나 다름 없었다. 뒤를 봐주는 정권과 재벌을 믿고 그랬던 것 같다.[18]

---

16) 김기춘 비서실장(77세)은 경남고와 서울법대에서 학사, 석사, 박사를 취득하였고, 재학 중 사법고시에 합격하여 검사로서 중앙정보부 대공수사국 부장, 서울지검 공안부장, 대구고검장, 검찰총장, 법무부장관, 대통령 비서실장을 지낸 전형적인 공안검사 출신이다. 그는 3선 국회의원으로 국회 법사위원장시 노무현 대통령 탄핵소추를 주도하였다.

17) 「경향신문」, 2017. 10. 4

이러한 잘못된 문화예술정책에 대하여 비판한 문체부 장관(류진룡)은 사직하고 1급 고위직 공무원(6명)은 잘리게 되었다. 문화예술계 인사들의 사상을 검증하고 차별화 하여 친정부적인 반공보수의 여론 조성을 위한 노력의 중심에 김기춘 청와대 비서실장이 자리하고 있었다. 그는 일찍이 공안검사로서 유신헌법 제정에 참여하였고, 또 중앙정보부 대공수사국장, 검찰총장 등을 거치면서 공안통이 되었다.

그는 반정부적인 진보세력은 모두 종북 좌파로 보는 것 같다. 따라서 이들을 탄압하고 배제하며, 또한 관제데모로 공안정국을 조성하는 것이 유일한 보수정권이 오랫동안 집권을 할 수 있는 길로 생각한 것 같다. 다시 말하면, 태극기 집회를 주도한 극우 보수세력은 촛불 시위에 참여한 자발적 시민과의 이념전쟁을 선포하고 있다. 관제데모에 의한 여론조작이 공안정국을 형성할지 몰라도 국민의 기본권(표현, 결사, 사상의 자유권)을 억압하고 자유민주주의에 역행한 것을 모르는 것 같다.

5. 결 론

박근혜 대통령과 최순실의 국정농단 사건은 헌법과 법률에 위배되고 그 결과 특정한 자가 불법적인 이익을 취하고 다수가 불공정한 차별과 불이익을 받게 되었다는 것이다. 이와 같이 대기업(재벌)은 정경유착과 공안통치에 의하여 자본을 축적한다.

검찰은 청와대 비서관과 장차관에게 지시하여 전경련을 통한 불법모금과 국민연금기금을 통한 삼성그룹의 합병, 그리고 마사회를 통한 최순

---

18) 「경향신문」, 2017. 2. 1 사설

실에 대한 삼성그룹의 특혜 지원이 모두 대가성이 있는 뇌물죄 및 횡령으로 보고, 이의 지시에 따른 청와대 비서관과 장차관은 모두 직권남용 및 직무유기(하수인)로 보는 것 같다. 비록 물증이 없더라고 그 논리는 타당한 것 같다.

이에 대하여 박근혜 대통령과 최순실 및 박사모 등 보수단체는 그것을 부정하고 있다. 그 정도의 정치모금과 직권남용은 예전에도 있었던 것 아닌가 한다. 그러면 30~40년 전 유신시대 군정시대로 가자는 말인지 의심스럽다. 이러한 사건이 일어나게 된 것은 대통령이 권력을 사유화 하고 재벌들이 대가성을 바라거나 특혜를 받기 위한 것이다. 다시 말하면, 이것은 정경유착에서 비롯된 것이다. 정경유착의 고리 역할을 한 전경련은 해체되어야 한다. 한국의 자본주의가 아직까지 공정한 시장경제와 합리적 생산관계에서 발달하지 않고 정치권력에 의하여 왜곡되고 있음을 알 수 있다. 왜곡된 자본주의의 문제점을 개혁하기 위한 노력을 불은시 하고, 내 편이 아니면 모두 소위 종북 좌파라고 낙인하는 극우세력이 관제 데모와 공안 통치를 획책하였던 것이다.

이와 같이 박근혜 대통령이 그간 대선공약과 역행하는 국정을 운영하고, 사익을 추구하는 최순실이라는 비선실세에 의존하면서 대통령 탄핵과 국정농단이 벌어지게 된 것이다. (2017. 2. 10)

< 인용 문헌 >

김영모・조기준・김윤환 :「일제하 민족생활사」, 민중서관, 1969
김영모 :「한국사회학」, 법문사, 1972
김영모 :「한말지배층연구」, 서울대학교 한국문화연구소, 1972
김영모 :「한국사회복지론」, 법문사/경문사, 1973
김영모 :「사회복지의 자주적 모색」, 평민사, 1976
김영모 :「조선지배층연구」, 일조각/고헌, 1977, 2002(복간)
김영모 :「한국인의 복지의식」, 일조각, 1980
김영모 :「한국사회계층연구」, 일조각/고헌, 1982, 2005
김영모 :「한국지배층연구」, 일조각, 1982
김영모 :「현대사회계층론」, 한국복지정책연구소 출판부, 1982
김영모 :「현대사회정책론」, 한국복지정책연구소 출판부,1982
김영모・원석조・최현숙 :「한국청소년연구」, 한국복지정책연구소 출판부, 1985
김영모 :「한국사회복지의 제문제」, 한국복지정책연구소 출판부, 1986
김영모 :「한국노인복지정책연구」, 한국복지정책연구소 출판부, 1990
김영모 :「한국빈곤연구」, 한국복지정책연구소 출판부, 1990
김영모 :「한국의료보험연구」, 한국복지정책연구소 출판부,1991
김영모 :「사회복지학」, 고헌, 1991
김영모 :「한국사회복지사업연구」, 한국복지정책연구소 출판부, 1993
김영모 :「한국사회보장개혁론」, 중앙대학교 출판부, 1995
김영모 :「한국중산층연구」, 중앙대학교 출판부, 1997
김영모 :「지방자치와 사회복지의 과제」, 집문당, 1997
김영모 :「한국사회의 이해」, 한국복지정책연구소 출판부, 1999
김영모 :「사회정책」, 한국복지정책연구소 출판부, 1999
김영모・표갑수 외: 「아동보육개론」, 한국복지정책연구소 출판부, 1999
김영모 외: 「아동보육프로그램의 기본모형」, 한국복지정책연구소 출판부, 1991
김영모・표갑수 편: 「선진국 아동보육제도와 보육프로그램」, 한국복지정책연구소 출판부, 1991

김영모 · 김연명 · 심재호 :「사회복지관 평가지표」, 한국복지정책연구소 출판부, 2000
김영모 :「현대사회학」, 고헌, 2001
김영모 :「새마을운동 연구」, 고헌, 2003
김영모 :「자주적 사회복지론」, 한국복지정책연구소 출판부, 2003
김영모 :「대학교수 40년」, 인간과 복지, 2003
김영모 :「사회정책(개정증보판)」, 한국복지정책연구소 출판부, 2005
김영모 :「사회복지학(3차 개정증보판」), 고헌, 2006
김영모 · 김헌진 :「한국사회보험개혁론」, 한국복지정책연구소 출판부, 2006
김영모 :「일제하 한인지배층연구」, 고헌, 2009
김영모 :「한국권력지배층연구」, 고헌, 2009
김영모 :「한국민족해방운동연구」, 고헌, 2012
김영모 :「한국자본가계급연구」, 고헌, 2012
김영모 :「조선 · 한국 신분계급사」, 고헌, 2013

< 역 서 >

김영모 역,「사회정책개론」, 일조각, 1980, *Richard M. Titmuss, Introduction to Social Policy, George Allen & Unmin Co, London,* 1974
김영모 역,「복지국가와 복지사회 - 환상과 현실」, 경문사, 1979, *William A. Robson, Welfare State and Welfare Society, Illusion & Reality, Georage Alilen & Unwin, London, 1977*
복지연구회 역,「제3세계와 사회사업」, 한복연 출판부, 1984, *James Midgley, Professional Imperialism; Social Work in the Third World, Heinemann, London,* 1981
복지연구회 역,「제3세계 불평등과 사회보장」, 한복연 출판부, 1986, *James Midgley, Social Security, Ineguality, and the Third World, Tohn Wiley & Sons Chichester,* 1984

< 찾아 보기 >

< 저자 소개 >

서울대학교 사회학과 졸업(학사, 석사, 박사)
서울대, 고려대, 연세대, 이화여대 강사
하버드 대학교 사회학과 수학(하버드 옌칭 객원교수)
국무총리실, 보건복지부, 총무처 정책자문위원
중앙공무원 교육원 겸임교수
한국사회학회 회장 / 한국사회복지학회 회장
한국복지정책연구소 소장 / 이사장
중앙대학교 문과대학 교수 / 학장 / 부총장 / 명예교수

< 주요 저서 >

현대사회학 (고헌출판부, 2001)
사회복지학 (고헌출판부, 3차개정 2006)
사회정책 (한복연 출판부, 개정증보판 2013)
현대사회계층론 (한복연 출판부, 1982, 1999)
한국사회계층연구 (일조각, 1982)
한국중산층연구 (중앙대 출판부, 1998)
자주적 사회복지론 (한복연 출판부, 2003)
한국사회보험개혁론 (한복연 출판부, 2006)
한국권력지배층연구 (고헌, 2009)
한국자본가계급연구 (고헌, 2012)
조선지배층연구 (일조각, 1977/고헌, 2002)
조선·한국신분계급사 (고헌, 2013)

새 학풍형성을 위한
갈등사회학과 복지사회학 <가격 : 20,000원>

2017년 6월 20일 인쇄
2017년 6월 25일 발행

저 자 : 金 泳 謨
발 행 처 : 고헌 출판부
서울특별시 동작구 흑석로 11길 43
등록 2000년 1월 27일 제 17-316호
연락처 : TEL 824-3127/3132 FAX 824-3128

ISBN 978-89-90435-30-9